Die Spätschriften der Bibel

Die Apokryphen des Alten Testaments

Das 6. und 7. Buch der Apokryphen aus der Bibel

1. Makkabäer

*Von der Kunst, Krieg zu führen,
Rom, Sparta, Alexander dem Großen,
und dem auserwählten Volk*

*Übersetzung nach
Hermann Menge 1926*

*Bibliografische Information der Deutschen Nationalbibliothek:
Die Deutsche Nationalbibliothek verzeichnet diese Publikation in der
Deutschen Nationalbibliografie; detaillierte bibliografische Daten
sind im Internet über http://dnb.dnb.de abrufbar.*

*TWENTYSIX – Der Self-Publishing-Verlag
Eine Kooperation zwischen der Verlagsgruppe Random House und
BoD – Books on Demand*

*Herstellung und Verlag:
BoD – Books on Demand, Norderstedt*

ISBN: 978-3-740-77076-1

Übersetzung: **Hermann Menge 1926**

Layout, Schriftsatz, Formatierung:
Antonia Katharina Tessnow
www.antonia-katharina.de

1. Kapitel

Alexander der Große übergibt das Reich seinen Nachfolgern

1 Nachdem Alexander, der Sohn des Philippus, der Mazedonier, aus dem Lande Chittim ausgezogen war und Darius, den König der Perser und Meder, besiegt hatte, herrschte er als König an dessen Statt, während er vorher nur über Griechenland geherrscht hatte.

2 Er unternahm dann viele Kriege, eroberte zahlreiche Festungen und ließ Könige der Erde hinrichten.

3 Er drang bis an die Enden der Erde vor und plünderte eine Menge von Völkern aus. Als nun die ganze Erde unterworfen vor ihm lag, da wurde er übermütig und hochfahrenden Sinnes.

4 Er brachte eine überaus starke Heeresmacht zusammen und gewann die Herrschaft über Länder, Völker und Fürsten, die ihm tributpflichtig wurden.

5 Schließlich aber, als er aufs Krankenlager geworfen war und den Tod nahen fühlte,

6 berief er seine vornehmsten Diener, die seine Genossen von Jugend auf gewesen waren, und verteilte sein Reich unter sie noch bei seinen Lebzeiten.

7 Als Alexander dann nach zwölfjähriger Regierung gestorben war,

8 übernahmen seine Diener die Herrschaft, ein jeder an dem ihm zugewiesenen Platze;

9 sie setzten sich alle nach seinem Tode das Diadem auf und ebenso ihre Söhne nach ihnen, lange Jahre hindurch, und richteten viel Unheil auf der Erde an.

I. Erster Teil:
Der syrische König Antiochus Epiphanes und der jüdische Priester Mattathias (oder die Anfänge des makkabäischen Aufstandes)

10 Aus ihnen ging nun ein gottloser Sproß hervor, nämlich Antiochus Epiphanes, der Sohn des Königs Antiochus; er war als Geisel in Rom gewesen und im 137. Jahre der griechischen Herrschaft zur Regierung gelangt.

11 Zu jener Zeit traten in Israel nichtswürdige Leute auf, die viele andere für sich gewannen, indem sie ihnen vorhielten: 'Kommt, wir wollen uns ins Einvernehmen mit den Heiden setzen, die rings um uns her wohnen! Denn seitdem wir uns von ihnen abgesondert haben, ist uns viel Unheil zugestoßen'.

12 Dieser Vorschlag fand Beifall bei ihnen,

13 und einige aus dem Volke waren gleich bereit, sich zum Könige zu begeben, der ihnen denn auch die Erlaubnis gab, die Bräuche der Heiden einzuführen.

14 So erbauten sie z.B. ein Gymnasium in Jerusalem nach heidnischem Brauch,

15 suchten die an ihnen vollzogene Beschneidung unkenntlich zu machen, fielen so vom heiligen Bunde ab, schlossen sich an die Heiden an und gaben sich dazu her, Böses zu tun.

16 Als sich nun Antiochus in der Herrschaft genügend befestigt sah, sann er darauf, auch Herr von Ägypten zu werden, um so beide Königreiche in seiner Gewalt zu haben.

17 Er zog also mit einem gewaltigen Heere nach Ägypten, mit Kriegswagen, Elefanten und Reiterei und mit einer starken Flotte.

18 Der ägyptische König Ptolemäus, mit dem er Krieg führte, geriet in Furcht vor ihm und ergriff die Flucht, und viele Leute fielen und wurden erschlagen;

19 die ägyptischen Festungen wurden erobert, und er plünderte das Land Ägypten aus.

20 Nachdem Antiochus so Ägypten schwer heimgesucht hatte, kehrte er im Jahre 143 um, zog gegen Israel und kam nach Jerusalem mit gewaltiger Heeresmacht.

21 Hier drang er in seinem Übermut in das Heiligtum ein, nahm den goldenen Altar und den Leuchter samt allen zugehörigen Geräten weg,

22 den Tisch für die Schaubrote, die Becher und Schalen, die goldenen Räuchergefäße, den Vorhang, die Kränze (oder Kronen?) und die goldenen Zierate an der Vorderseite des Tempels und ließ von allen diesen Gegenständen den goldenen Überzug abreißen.

23 Weiter nahm er auch das Silber und das Gold und die kostbaren Geräte und alles, was er an verborgenen Schätzen vorfand;

24 und nachdem er alles an sich genommen hatte, zog er ab in sein Land, wobei er noch ein Blutbad anrichtete und vermessene Lästerreden ausstieß.

25 Da entstand laute Wehklage in Israel in allen seinen Wohnsitzen:

26 Oberste und Vornehme jammerten, den Jungfrauen und Jünglingen verging die Jugendkraft, und die Schönheit der Frauen schwand dahin.

27 Jeglicher Bräutigam stimmte Trauerlieder an, die Neuvermählte im Brautgemach saß in Trauerkleidung da;

28 das Land erbebte ob seiner Bewohner, und das ganze Haus Jakobs war mit Schmach bedeckt.

29 Zwei Jahre später sandte der König einen Obersteuereinnehmer in die Städte von Juda. Der kam nach Jerusalem mit starker Heeresmacht,

30 ließ jedoch vor den Stadtbewohnern in hinterlistiger Weise friedliche Worte verlauten,

so daß sie ihm Glauben schenkten. Plötzlich aber überfiel er die Stadt, richtete ein großes Blutbad in ihr an und brachte viele Israeliten im Lande um.

31 Dann ließ er die Stadt plündern und in Flammen aufgehen und ihre Häuser und die Mauern ringsum niederreißen.

32 Weiter führte man die Weiber und Kinder als Gefangene weg und bemächtigte sich des Viehs.

33 Sodann befestigte man die Davidsstadt mit einer großen und starken Mauer und festen Türmen, damit sie ihnen als Burg diente.

34 In diese legten sie als Besatzung verbrecherisches Gesindel, nichts-würdige Leute, hinein, die sich darin festsetzten.

35 Auch schaffte man Waffen und Lebensmittel hinein und verwahrte daselbst die Beute, die man aus Jerusalem zusammengebracht hatte; so wurde die Burg zu einem schlimmen Unheil (eig. Fallstrick) für die Stadt.

36 Ja, sie wurde zum Hinterhalt für das Heiligtum und zum schlimmen Widersacher für Israel allezeit.

37 Unschuldig Blut vergossen sie rings um das Heiligtum und entweihten dadurch das Heiligtum.

38 Darum flohen ihretwegen die Bewohner Jerusalems, und Ausländern diente die Stadt als Wohnsitz; den Eingeborenen wurde sie fremd, und ihre eigenen Kinder verließen sie.

39 Ihr Heiligtum ward öde wie die Wüste, ihre Feste wandelten sich zu Trauertagen; ihre Sabbate wurden geschändet, und ihre Ehre ward zur Verachtung.

40 So groß wie einst ihr Ruhm ward nun ihre Schmach, und ihre Hoheit versank in Trauer.

41 Nunmehr ließ der König Antiochus in sein ganzes Reich eine Verfügung ausgehen, daß alle seine Untertanen ein einziges Volk bilden sollten

42 und jeder seine besonderen Gebräuche und Gesetze aufzugeben habe; und alle anderen Völker fügten sich dem Gebot des Königs.

43 Auch in Israel fanden viele Gefallen an der von ihm gebotenen Verehrung der Götter und opferten den Götzen und entweihten den Sabbat.

44 Nun schickte der König durch Boten den schriftlichen Befehl nach Jerusalem und in die Städte Juda's, man solle fortan die ausländischen Satzungen und Bräuche beobachten;

45 Die Brand-, Schlacht- und Trankopfer sollten im Heiligtum in Wegfall kommen, Sabbate und Feste ungefeiert bleiben;

46 das Heiligtum und die Heiligen solle man verunreinigen,

47 Altäre, heilige Haine und Götzentempel errichten dürfen, Schweine und andere unreine Tiere schlachten;

48 ihre Söhne sollten sie unbeschnitten lassen und ihr Gewissen mit jeder Art von unreinen und

gräuelhaften Dingen beflecken,

49 so daß sie das (mosaische) Gesetz vergäßen und alle heiligen Ordnungen abschafften;

50 und wer dem Gebot des Königs nicht Folge leiste, der solle den Tod erleiden.

51 Alle diese Bestimmungen waren in der Verordnung enthalten, die er an sein ganzes Reich ergehen ließ. Dazu setzte er Aufseher über das ganze (jüdische) Volk und gebot den Städten Juda's, Opfer in allen einzelnen Ortschaften darzubringen.

52 Und viele aus dem Volke schlossen sich ihnen an, nämlich alle, die vom Gesetz treulos abfielen und nun Böses im Lande verübten

53 und die Israeliten dazu nötigten, in Verstecken, in Schlupfwinkeln jeder Art, eine Zuflucht zu suchen.

Epiphanes bringt Israel in große Not

54 Am 15. Tage des Monats Kislev im Jahre 145 stellten sie einen "Gräuel der Verwüstung" auf den Brandopferaltar und erbauten Altäre in den Ortschaften Juda's ringsumher.

55 Sie brachten vor den Haustüren und auf den Straßen Rauchopfer dar,

56 und die Gesetzbücher, die sie fanden, zerrissen und verbrannten sie;

57 und wenn bei jemandem ein Bundesbuch gefunden wurde und wenn jemand dem mosaischen Gesetz treu bleiben wollte, so

überlieferte ihn der Erlaß des Königs dem Tode.

58 So verfuhren sie in ihrer Gewalttätigkeit Monat für Monat mit den Israeliten, die sie in den Ortschaften betrafen.

59 Am 25. Tage des Monats (Kislev) aber opferten sie auf dem Altar, der auf dem Brandopferaltar stand,

60 und ließen die Frauen, die ihre Kinder hatten beschneiden lassen, der königlichen Verordnung gemäß hinrichten,

61 wobei sie ihnen die Kinder an den Hals hängten; auch ihre Familien und die, welche die Beschneidung vollzogen hatten, töteten sie.

62 Indessen zeigten sich viele Israeliten standhaft und faßten den festen Entschluß, unreine Speisen nicht zu genießen;

63 sie wollten lieber sterben, um sich durch Speisen nicht zu verunreinigen und den heiligen Bund nicht zu brechen; daher erlitten sie den Tod.

64 So lag denn ein schlimmes Zorngericht Gottes überaus schwer auf Israel.

2. Kapitel

Mattatias klagt über die Unterdrückung Israels

1 Zu jener Zeit trat Mattathias auf, ein Sohn des Johannes, des Sohnes Simeons, ein Priester aus der Familie Jojaribs von Jerusalem; er hatte

seinen Wohnsicht in Modein genommen.

2 Er hatte fünf Söhne: Johannes mit dem Beinamen Gaddis,

3 Simeon, genannt Thassis,

4 Judas, genannt Makkabäus,

5 Eleasar, genannt Awaran, und Jonathan, genannt Apphus.

6 Als er nun alle die Abscheulichkeiten sah, die in Juda und Jerusalem verübt wurden,

7 rief er aus: 'Wehe mir! Warum bin ich dazu geboren worden, die Vernichtung meines Volks und die Vernichtung der heiligen Stadt zu sehen und müßig dazusitzen, während sie der Gewalt der Feinde und das Heiligtum der Gewalt von Ausländern preisgegeben ist!

8 Ihr Haus ist geworden, wie das eines entehrten Mannes,

9 ihre herrlichen Geräte sind als Raub hinweggeführt, ihre Kindlein liegen gemordet auf ihren Straßen, ihre jungen Männer sind durch das Schwert der Feinde gefallen!

10 Welches Volk hat sich nicht die Herrschaft in ihr angeeignet und sich nicht mit ihrer Beute bereichert?

11 All ihr Schmuck ist weggenommen, aus einer Freien ist sie zur Magd geworden!

12 Ach ja, was uns heilig war, und unsere Schönheit und unsere Herrlichkeit ist verwüstet, und Heiden haben es entweiht!

13 Wozu nützt uns noch das Leben?'

14 Und Mattathias und seine Söhne zerrissen

ihre Kleider, legten Trauergewänder an und trugen schweres Leid.

Der Aufstand des Mattatias

15 Da kamen die königlichen Beamten, die den Abfall erzwingen sollten, nach der Ortschaft Modein, um die Einwohner zum Opfern zu bringen,

16 und viele von den Israeliten schlossen sich ihnen an; auch Mattathias und seine Söhne gingen in die Versammlung.

17 Da nahmen die Beamten des Königs das Wort und richteten an Mattathias folgende Ansprache: 'Du bist ein Oberster, angesehen und hochstehend in diesem Orte und einflußreich durch Söhne und Brüder.

18 So tritt du nun zuerst heran und komm der königlichen Verordnung nach, wie alle Völker es getan haben, auch die Männer von Juda und die in Jerusalem Zurückgebliebenen; so wirst du und dein ganzes Haus zu den Freunden des Königs gehören, und du und deine Söhne, ihr werdet mit Silber und Gold und vielen Geschenken geehrt werden'.

19 Mattathias aber gab mit lauter Stimme folgende Antwort: 'Wenn auch alle Völker im ganzen Bereich der Herrschaft des Königs ihm Gehorsam leisten, so daß jeder vom Gottesglauben seiner Väter abfällt und sie sich willig seinen Geboten gefügt haben,

20 so wollen doch ich und meine Söhne und meine Brüder weiterhin im Bunde unserer Väter wandeln!

21 Gott behüte uns davor, daß wir unser Gesetz und die Satzungen fahren lassen sollten!

22 Den Geboten des Königs werden wir nicht gehorchen, daß wir von unserer Gottesverehrung nach rechts oder nach links abweichen sollten!'

23 Kaum hatte er ausgeredet, da trat ein jüdischer Mann vor aller Augen herzu, um auf dem Altar in Modein nach dem Befehle des Königs zu opfern.

24 Als Mattathias das sah, geriet er in heiligen Eifer: er erbebte bis ins Innerste und ließ seinem Zorne freien Lauf, wie es recht war; er lief hin und erschlug den Mann am Altar.

25 Zugleich tötete er aber auch den königlichen Beamten, der das Opfer hatte erzwingen wollen, und riß den Altar nieder.

26 Er eiferte auf diese Weise für das Gesetz so, wie es einst Pinehas an Simbri, dem Sohne Saloms, getan hatte.

27 Hierauf ließ Mattathias in der Ortschaft den lauten Ruf erschallen: 'Wer da für das Gesetz eifert und am Bunde festhalten will, der ziehe aus, mir nach!'

28 So floh er denn mit seinen Söhnen ins Gebirge; all ihr Hab und Gut ließen sie im Orte zurück.

*Die Aufständischen entschließen sich
zum Kampf am Sabbat*

29 Damals zogen viele, denen Gerechtigkeit und Recht am Herzen lag, in die Wüste hinab, um dort ihren Wohnsitz zu nehmen,
30 sie selbst mit Weib und Kind und ihrem Vieh, weil die Mißhandlungen übergroß für sie geworden waren.
31 Als nun die königlichen Beamten und die Truppen, die sich zu Jerusalem in der Davidsstadt befanden, die Kunde erhielten, es seien Leute, die sich dem Gebot des Königs widersetzt hätten, in die Schlupfwinkel in der Wüste hinabgezogen,
32 eilten sie in einem starken Aufgebot hinter ihnen her, und als sie auf sie gestoßen waren, umlagerten sie sie und rüsteten sich zum Angriff gegen sie am Sabbattage.
33 Sie ließen ihnen dann sagen: 'Nun ist's genug! Kommt heraus und tut nach dem Gebot des Königs, so sollt ihr am Leben bleiben!'
34 Doch sie antworteten: 'Wir werden nicht herauskommen und dem Gebot des Königs nicht Folge leisten, daß wir den Sabbat entheiligen sollten!'
35 Da gingen jene sofort zum Angriff gegen sie vor;
36 sie aber antworteten ihnen nicht weiter, schleuderten auch keine Steine gegen sie, noch verrammelten sie ihre Schlupfwinkel,

37 sondern sagten: 'Wir wollen alle in unserer Einfalt sterben! Der Himmel und die Erde sind unsere Zeugen, daß ihr uns ungerechterweise ums Leben bringt!'

38 So gingen jene also zum Angriff gegen sie am Sabbat vor, und so kamen diese ums Leben samt ihren Weibern und Kindern und ihrem Vieh, etwa tausend Menschenseelen.

39 Als Mattathias und seine Freunde dies erfuhren, trauerten sie schmerzerfüllt um sie;

40 und sie sagten einer zum anderen: 'Wenn wir alle es so machen, wie unsere Brüder getan haben, und nicht für unser Leben und unsere Satzungen gegen die Heiden kämpfen, so werden sie uns gar bald von der Erde vertilgen'.

41 So faßten sie denn an jenem Tage folgenden Beschluß: 'Wenn irgend jemand uns am Sabbattage angreift, so wollen wir uns mit den Waffen zur Wehr setzen, damit wir nicht alle zugrunde gehen, wie unsere Brüder in ihren Verstecken umgekommen sind'.

Erste Erfolge der Aufständischen

42 Damals traf als Verstärkung eine Schar von Asidäern bei ihnen ein, tapfere Männer aus Israel, lauter solche, die sich willig in den Dienst des Gesetzes stellten;

43 und alle, die sich dem Unheil durch die Flucht zu entziehen suchten, schlossen sich an sie an und verstärkten sie.

44 So brachten sie ein Heer zusammen und schlugen die Sünder in ihrem Zorn und die gottlosen Männer in ihrem Grimm nieder; was von diesen übrig blieb, floh zu den Heiden, um sich in Sicherheit zu bringen.
45 Mattathias aber und seine Genossen zogen rings umher, zerstörten die Altäre im Lande
46 und beschnitten mit Gewalt die Kinder, die noch unbeschnitten waren, soviele sie deren im Gebiete Israels fanden;
47 sie setzten den übermütigen (Feinden) hart zu, und alles, was sie unternahmen, hatte guten Fortgang;
48 sie verteidigten das Gesetz erfolgreich gegen die Macht der Heiden und gegen die Macht des Königshauses und ließen die Sünder nicht hochkommen.

Vermächtnis und Tod des Mattatias

49 Als es nun mit den Lebenstagen des Mattathias zu Ende ging, sprach er zu seinen Söhnen: 'Jetzt herrscht rücksichtsloser Übermut und schwere Prüfung; es ist eine Zeit der Zerstörung und eines grimmigen Strafgerichts eingetreten.
50 So seid denn Eiferer, meine Söhne, für das Gesetz und gebt euer Leben hin für den Bund unserer Väter!
51 Bleibt der Taten unserer Väter eingedenk, alles dessen, was sie zu ihrer Zeit vollführt

haben, so werdet ihr hohen Ruhm und einen unsterblichen Namen erlangen.

52 Ist nicht Abraham in der Prüfung treu erfunden und dies ihm als Gerechtigkeit angerechnet worden?

53 Joseph hielt zur Zeit seiner Bedrängnis am Gebote Gottes fest und wurde so der Gebieter Ägyptens.

54 Unser Ahnherr Pinehas empfing, weil er großen Eifer für Gott bewies, die Zusicherung eines ewigen Priestertums;

55 Josua wurde Richter in Israel, weil er den Auftrag Gottes erfüllte;

56 Kaleb empfing Landbesitz als Erbteil, weil er vor der Gemeinde Zeugnis (für Gott) abgelegt hatte;

57 David gewann durch seine Frömmigkeit einen Königsthron für ewige Zeiten;

58 Elias wurde wegen seines Eiferns für das Gesetz in den Himmel empor gehoben;

59 Ananias, Asarja und Michael wurden wegen ihres Gottvertrauens aus der Flammenglut errettet;

60 Daniel wurde um seiner Unschuld willen vor dem Rachen der Löwen behütet.

61 Und so könnt ihr es von Geschlecht zu Geschlecht bestätigt finden, daß alle, die ihre Hoffnung auf Gott setzen, nicht unterliegen werden.

62 Fürchtet euch also nicht vor den Drohworten eines sündigen Menschen! denn seine

Herrlichkeit wird zu Kot werden und den Würmern zum Fraß dienen.

63 Heute steigt er hoch empor, und morgen ist er nicht mehr zu finden; denn er ist wieder zu Staub geworden, und mit seinen Anschlägen ist's vorbei.

64 Ihr aber, meine Söhne, seid stark und steht mannhaft für das Gesetz ein; denn dadurch werdet ihr Ruhm ernten.

65 Und seht: da ist euer Bruder Simeon; ich weiß, daß er ein kluger Mann ist; auf ihn hört allezeit: er soll Vaterstelle bei euch vertreten!

66 Judas der Makkabäer aber, der von Jugend auf ein tapferer Held gewesen ist, der soll euer Heerführer sein und den Krieg der Stämme (unseres Volkes) leiten.

67 Ihr aber, sammelt um euch alle, die dem Gesetz treu sind, und vollzieht die Rache für euer Volk!

68 Übt Vergeltung an den Heiden und haltet fest an den Geboten des Gesetzes!'

69 Hierauf segnete er sie und wurde zu seinen Vätern versammelt;

70 er starb im Jahre 146, und seine Söhne begruben ihn in der Grabstätte seiner Väter in Modein, und ganz Israel betrauerte ihn mit tiefem Leid.

II. Zweiter Teil:
Die Freiheitskämpfe der Israeliten unter Judas Makkabäus

1 Als nun sein Sohn Judas mit dem Beinamen Makkabäus an seine Stelle getreten war,

2 leisteten ihm alle seien Brüder, sowie alle diejenigen Beistand, die es vorher mit seinem Vater gehalten hatten, und führten den Krieg für Israel mit Freuden.

3 Er verschaffte seinem Volke weithin Ruhm, legte den Harnisch (1) an als ein Held und umgürtete sich mit seinen Kriegswaffen; er lieferte Schlachten, indem er das Heer mit dem Schwerte schützte.

4 Er glich einem Löwen in seinen Taten, einem jungen Leu (2), der nach Raub brüllt.

5 Er erspähte die Gottlosen und verfolgte sie, und die sein Volk zerrütteten, verbrannte er.

6 Die Gottlosen fuhren zusammen aus Furcht vor ihm, alle Übeltäter zitterten vor ihm, und die Rettung nahm guten Fortgang durch sein Verdienst.

7 Vielen Königen schaffte er bittere Schmerzen, aber Jakob erfreute er durch seine Taten: auf ewig bleibt sein Andenken in Segen.

8 Er zog umher in den Städten Juda's. vertilgte

die Gottlosen aus dem Lande und wandte Gottes Zorn von Israel ab.

9 Sein Ruhm erscholl bis ans Ende der Erde, und er sammelte die dem Untergang Geweihten.

Judas Makkabäus besiegt Apollonius und Seron

10 Nun brachte Apollonius ein Heer von Heiden und eine große Streitmacht aus Samaria zusammen, um Israel zu bekriegen.

11 Als Judas dies erfuhr, zog er ihm entgegen, schlug ihn und tötete ihn; viele Erschlagene fielen, die Übriggebliebenen aber ergriffen die Flucht.

12 Man gewann reiche Beute von ihnen, und Judas nahm das Schwert des Apollonius an sich und gebrauchte es fortan beständig in allen Kämpfen.

13 Als nun Seron, der Befehlshaber des syrischen Heeres, die Meldung erhielt, Judas habe einen Haufen um sich zusammengebracht und eine Schar von Getreuen, die mit ihm zum Kampfe auszögen,

14 da dachte er: 'Ich will mir einen Namen machen und mir Ruhm im Reiche erwerben und will Judas mit seinen Leuten bekämpfen, die das Gebot des Königs mißachten'.

15 Er unternahm also einen neuen Feldzug, und unter seinem Befehl zog ein starkes Heer von

Ungläubigen aus, um ihm Beistand zu leisten und die Rache an den Israeliten zu vollziehen.

16 Als er nun in die Nähe der Steige von Beth-Horon gelangt war, zog ihm Judas mit geringer Mannschaft entgegen.

17 Als diese jedoch das Heer erblickt hatten, das gegen sie heranzog, sagten sie zu Judas: 'Wie können wir in so geringer Zahl den Kampf gegen eine so gewaltige Übermacht aufnehmen, zumal da wir erschöpft sind, weil wir heute noch nichts genossen haben?'

18 Judas aber antwortete ihnen: 'Es ist leicht möglich, daß eine große Anzahl den Händen weniger (zur Überwältigung) preisgegeben wird; denn für den Gott des Himmels macht es keinen Unterschied, ob er durch viele oder durch wenige die Rettung schafft.

19 Der Sieg in der Schlacht hängt ja nicht von der Größe des Heeres ab, sondern vom Himmel kommt die Kraft.

20 Jene ziehen gegen uns heran voller Übermut und Gottlosigkeit, um uns und unsere Weiber und unsere Kinder zu vertilgen und um uns auszuplündern;

21 wir aber kämpfen für unser Leben und unsere Satzungen.

22 So wird denn Gott selbst sie vor unseren Augen zermalmen; ihr aber fürchtet euch nicht vor ihnen!'

23 Nach dieser Rede stürmte er unversehens auf sie ein, und Seron wurde mit seinem Heere

vor ihm aufgerieben.

24 Sie verfolgten ihn auf der Steige von Beth-Horon hinab bis in die Ebene, und gegen 800 Mann fielen von ihnen; die Übriggebliebenen flohen ins Philisterland.

25 Da kam die Furcht vor Judas und seinen Brüdern zum Durchbruch, und Schrecken befiel die Heiden in der ganzen Gegend ringsum;

26 sein Name drang bis zu den Ohren des Königs, und alle Welt sprach von den Schlachten des Judas.

Lysias führt den Krieg fort

27 Als nun der König Antiochus von diesen Dingen Kunde erhielt, geriet er in gewaltigen Zorn; er ließ Befehl ergehen und bot alle Streitkräfte seines Reichs auf, ein überaus gewaltiges Heer.

28 Er öffnete seine Schatzkammern, ließ seinen Truppen den Sold für ein ganzes Jahr auszahlen und gebot ihnen, sich für alle Fälle bereit zu halten.

29 Da er aber sah, daß ihm das Geld in seinen Schatzkammern ausging, und daß der Ertrag der Steuern aus den Landen gering war infolge des Aufruhrs und wegen des Unheils, das er (selbst) im Lande angerichtet hatte, um die Gesetze und Bräuche abzuschaffen, die von den ältesten Zeiten her in Geltung gewesen waren: –

30 da geriet er in Besorgnis, es möchten ihm,

wie das früher schon mehr als einmal der Fall gewesen war, die Mittel zur Bestreitung der Ausgaben fehlen, besonders für die Geschenke, die er bisher mit freigebiger Hand und reichlicher als die früheren Könige ausgeteilt hatte.

31 Weil er sich nun arg beunruhigt fühlte, beschloß er, nach Persien zu ziehen und die Steuern der Provinzen dort zu erheben und viel Geld zusammenzubringen.

32 Er ließ also Lysias, einen hochangesehenen Mann aus königlichem Geschlecht, als Reichsverweser (3) für die Länder vom Euphratstrom bis zu den Grenzen Ägyptens zurück;

33 dieser hatte auch den königlichen Prinzen Antiochus zu erziehen, bis er selbst zurückkehren würde.

34 Zugleich übergab er ihm die Hälfte des Kriegsheeres, sowie die Elefanten, und gab ihm Aufschluß über alle seine Pläne, und zwar besonders hinsichtlich der Bewohner Judäas und Jerusalems:

35 er solle ein Heer gegen sie entsenden, um die Macht der Israeliten und was von Jerusalem noch übrig war, völlig auszurotten, so daß selbst die Erinnerung an sie im Lande erlösche;

36 alsdann sollte er Ausländer in ihrem ganzen Gebiet sich ansiedeln lassen und ihr Land losweise unter diese verteilen.

37 Der König selbst nahm hierauf die andere

Hälfte des Heeres und brach von seiner Residenz Antiochien im Jahre 147 auf, ging über den Euphratstrom und durchzog die oberen Länder.

Angriff auf Judäa

38 Lysias erwählte nun Ptolemäus, den Sohn des Dorymenes, sowie Nikanor und Gorgias, hochangesehene Männer aus der Zahl der Freunde des Königs,

39 und sandte mit ihnen 40.000 Mann zu Fuß und 7000 Reiter; die sollten ins jüdische Land ziehen, um es nach dem Befehl des Königs zu verheeren.

40 Diese drei (Männer) brachen also mit ihrer gesamten Streitmacht auf und lagerten sich nach ihrer Ankunft nahe bei Emmaus in der Ebene.

41 Als nun die Handelsleute in der Gegend Kunde von ihrer Ankunft erhielten, versahen sie sich reichlich mit Silber und Gold und auch mit Stricken zum Fesseln und kamen ins Lager, um die Israeliten als Sklaven anzukaufen. Es stießen auch noch Truppen aus Syrien und dem Lande der Philister zu ihnen.

42 Als nun Judas und seine Brüder sahen, daß das Unheil immer ärger wurde und die feindlichen Scharen innerhalb ihres Gebietes lagerten, und als sie auch Kunde von den Befehlen des Königs erhielten, der die völlige Vernichtung ihres Volkes geboten hatte,

43 da sagten sie einer zum andern: 'Laßt uns das wiederherstellen, was in unserm Volke zerstört ist, und laßt uns für unser Volk und das Heiligtum kämpfen!'

44 So versammelte sich denn die ganze Gemeinschaft, um zum Kampfe bereit zu sein und um zu beten und Gnade und Erbarmen zu erflehen.

45 Jerusalem aber lag unbewohnt da wie eine Wüste, niemand ging mehr ein und aus von seinen Kindern; das Heiligtum war zertreten, Fremdlinge hausten in der Burg, eine Herberge der Heiden war (die Stadt) geworden; die Freude war verschwunden aus Jakob, es schwiegen Flöte und Zither.

Bittgottesdienst in Mizpa

46 So sie sich nun versammelt hatten, zogen sie nach Massepha, Jerusalem gegenüber; denn dort war in früheren Zeiten eine Gebetsstätte für Israel gewesen.

47 Dann fasteten sie an jenem Tage, hüllten sich in härene Gewänder, streuten sich Asche aufs Haupt und zerrissen ihre Kleider.

48 Sodann breiteten sie das Gesetzbuch aus (eines von denen), nach welchen die Heiden gesucht hatten, um ihre Götzenbilder darauf zu malen;

49 dann brachten sie auch die Priestergewänder herbei, sowie die Erstlinge

und Zehnten, und ließen Nasiräer auftreten, deren Weihezeit abgelaufen war.

50 Dann ließen sie mit lauter Stimme den Ruf zum Himmel erschallen: 'Was sollen wir mit allen diesen machen und wohin sie bringen?

51 Dein Heiligtum ist ja zertreten und entweiht, und deine Priester sind in Trauer und Elend!

52 Und siehe, die Heiden haben sich gegen uns zusammengeschart, um uns auszurotten; du weißt ja, was sie gegen uns vorhaben!

53 Wie sollen wir ihnen widerstehen können, wenn du uns nicht zu Hilfe kommst?'

54 Dann stießen sie in die Trompeten und erhoben ein lautes Wehgeschrei.

55 Hierauf setzte Judas Anführer über das Kriegsvolk ein, Hauptleute über Tausend, über Hundert, über Fünfzig und über zehn Mann.

56 Sodann richteten sie an die, welche in letzter Zeit ein Haus gebaut oder sich verheiratet oder einen Weinberg angepflanzt hatten oder die furchtsam seien, die Aufforderung, sich in ihre Heimat zu begeben, wie das Gesetz es bestimmte.

57 Alsdann brach das Heer auf und lagerte sich südlich von Emmaus.

58 Judas aber gebot: 'Macht euch fertig und zeigt euch als tapfere Männer! Haltet euch für morgen früh bereit zum Kampf mit diesen Heiden, die sich wider uns zusammengetan haben, um uns und unser Heiligtum zu vernichten!

59 Denn es ist besser für uns, im Kampfe zu fallen, als den Untergang unsers Volkes und des Heiligtums mit anzusehen.

60 Übrigens – wie es im Himmel beschlossen ist, so möge er es fügen!'

4. Kapitel

Judas Makkabäus besiegt Gorgias

1 Gorgias nahm nun 5000 Mann zu Fuß und 1000 auserlesene Reiter, und diese Schar brach während der Nacht auf,

2 um das Lager der Juden zu überfallen und sie unvermutet zu schlagen; dabei dienten ihm die Leute aus der Burg als Wegweiser.

3 Als Judas dies erfuhr, brach er selbst mit seinen Kriegern auf, um das Heer des Königs bei Emmaus anzugreifen,

4 solange noch die Truppen außerhalb des Lagers zerstreut waren.

5 Als nun Gorgias bei Nacht an den Lagerplatz des Judas kam und dort niemand vorfand, suchte er sie in den Bergen auf und zwar in der Meinung: 'Die laufen vor uns weg!'

6 Aber bei Tagesanbruch kam Judas in der Ebene mit 3000 Mann zum Vorschein; nur hatten sie leider nicht Rüstungen und Schwerter, wie sie wohl gewünscht hätten.

7 Als sie nun das starkbefestigte Lager der

Heiden und die Reiterei erblickten, die dem Lager ringsum als Schutz diente, lauter kriegsgeübte Leute,

8 da sagte Judas zu den Männern, die bei ihm waren: 'Fürchtet euch nicht vor ihrer Menge und scheut euch nicht, zum Angriff auf sie vorzustürmen!

9 Denkt daran, wie unsere Väter im Roten Meer errettet wurden, als der Pharao sie mit Heeresmacht verfolgte!

10 Und nun laßt uns zum Himmel schreien, ob er wohl Erbarmen mit uns haben und des Bundes mit unseren Vätern gedenken und dieses Heer heute vor unseren Augen vernichten will,

11 damit alle Heiden erkennen, daß es für Israel noch einen Erlöser und Retter gibt!'

12 Als nun die Heiden ihre Augen erhoben und sie gegen sich heranrücken sahen,

13 zogen sie aus dem Lager zum Kampfe heraus. Da stießen die Leute des Judas in die Trompeten;

14 und als sie handgemein geworden waren, wurden die Heiden völlig besiegt und flohen in die Ebene;

15 dabei wurden alle, die sich hintenan befanden, mit dem Schwerte niedergemacht, und man verfolgte sie dann bis Gasera und bis in die Ebene von Idumäa und bis Asotus und Jamnia, und es fielen von ihnen gegen 3000 Mann.

16 Als Judas dann mit seinem Heere von der Verfolgung zurückkehrte,

17 sagte er zu seinen Leuten: 'Laßt euch jetzt nicht nach der Beute gelüsten, denn es steht uns noch weiterer Kampf bevor;

18 Gorgias steht ja noch mit seiner Mannschaft im Gebirge nicht fern von uns. Bleibt jetzt also unseren Feinden gegenüber stehen und kämpft mit ihnen; alsdann mögt ihr euch der Beute in aller Ruhe bemächtigen'.

19 Judas hatte noch nicht ausgeredet, da wurde eine Abteilung sichtbar, die aus dem Gebirge herauskam.

20 Diese bemerkte (sogleich), daß das syrische Heer in die Flucht geschlagen war und daß man das Lager in Brand gesteckt hatte; denn der Rauch, der zu sehen war, verriet ihnen, was geschehen war.

21 Bei diesem Anblick erschraken sie sehr; als sie aber auch noch das Heer des Judas in der Ebene zur Schlacht bereit gewahrten,

22 flohen sie allesamt ins Land der Philister.

23 Nun machte Judas sich an die Plünderung des Lagers, und man erbeutete viel Gold und Silber, blaue und rote Purpurstoffe und andere große Reichtümer.

24 Bei der Rückkehr sangen sie dann Lieder und ließen Lobgesänge zum Himmel emporsteigen, wie herrlich, wie ewigwährend seine Gnade sei.

25 Es war aber den Israeliten ein großer Sieg an jenem Tage zuteil geworden.

Judas Makkabäus besiegt Lysias

26 Diejenigen Heiden aber, die sich hatten retten können, begaben sich zu Lysias und berichteten ihm alles, was sich zugetragen hatte. 27 Durch diese Mitteilungen wurde er ganz bestürzt und entmutigt, weil es mit Israel nicht nach seinem Wunsch gegangen war und die vom König ihm erteilten Befehle nicht zur Ausführung gelangt waren. 28 Darum brachte er im folgenden Jahr ein Heer von 60000 Mann auserlesener Fußtruppen und 5000 Reitern zusammen, um sie niederzuwerfen. 29 Als diese nun nach Idumäa gelangt waren und bei Bethsura ein Lager bezogen hatten, rückte Judas ihnen mit 10000 Mann entgegen. 30 Als er nun das gewaltige Heer erblickte, richtete er folgendes Gebet an Gott: 'Gepriesen seist du, o Retter Israels, der du einst den Ansturm des Riesen (Goliath) durch die Hand deines Knechtes David gebrochen und das Heer der Philister in die Gewalt Jonathans, des Sohnes Sauls, und seines Waffenträgers hast fallen lassen! 31 Gib nun auch dieses Heer deinem Volke Israel zur Vernichtung preis, daß sie mit ihrer Kriegsmacht und Reiterei zuschanden werden!

32 Jage ihnen Furcht ein und laß ihren trotzigen Mut zerrinnen, daß sie durch ihre Niederlage in Verzweiflung geraten!

33 Wirf sie nieder durch das Schwert derer, die dich lieben, damit alle, die deinen Namen kennen, dich mit Lobgesängen preisen!'

34 Als es dann zum Kampfe kam, fielen vom Heere des Lysias gegen 5000 Mann, und zwar im Kampfe Mann gegen Mann.

35 Als Lysias aber die Niederlage seiner Mannschaft wahrnahm und andrerseits erkannte, daß den Leuten des Judas der Mut gewachsen sei und wie entschlossen sie waren, mit Ehren entweder zu leben oder zu sterben, kehrte er nach Antiochien zurück und warb fremde Söldner an, um, wenn sein Heer wieder vollzählig geworden sei, einen neuen Feldzug nach Judäa zu unternehmen.

Judas Makkabäus weiht den Tempel neu

36 Judas aber und seine Brüder sagten: 'Jetzt, da unsere Feinde geschlagen sind, wollen wir hinaufziehen, um das Heiligtum zu reinigen und neu zu weihen!'

37 So versammelte sich denn das ganze Heer, und man zog auf den Berg Zion hinauf.

38 Als sie nun das Heiligtum verwüstet sahen, den Opferaltar entweiht, die Tore verbrannt, in den Vorhöfen Gesträuch, das aufgewachsen war wie in einem Walde oder auf irgend einem

Berge, und die Zellen in den Vorhöfen zerstört:

39 da zerrissen sie ihre Kleider und stellten eine große Trauerfeier an, streuten sich Asche aufs Haupt,

40 warfen sich auf ihr Angesicht zur Erde nieder, ließen die Signaltrompeten erschallen und richteten laute Klagerufe gen Himmel.

41 Sodann stellte Judas eine Anzahl Männer an, um die Besatzung der Burg an der Vollführung von Feindseligkeiten zu hindern, bis er das Heiligtum gereinigt haben würde.

42 Weiter wählte er fehllose Priester aus, die dem Gesetz treu ergeben waren;

43 die reinigten das Heiligtum und schafften die Steine, die zur Entweihung gedient hatten, an einen unreinen Ort.

44 Alsdann berieten sie wegen des entweihten Brandopferaltars, wie sie mit ihm verfahren sollten;

45 und da verfielen sie auf den guten Gedanken, ihn abzubrechen, damit er ihnen nicht infolge der Entweihung durch die Heiden Schimpf und Schande einbrächte. So rissen sie also den Altar ein

46 und legten die Steine an einem geeigneten Platze auf dem Tempelberge nieder, bis ein Prophet aufträte, der eine Entscheidung darüber abgäbe, was mit ihnen geschehen solle.

47 Dann nahmen sie unbehauene Steine nach der Vorschrift des Gesetzes (2. Mose 20, 25; 5. Mose 27, 5 - 6) und erbauten einen neuen Altar

nach dem Muster des alten.

48 Auch stellen sie das Heiligtum (von außen) und auch die inneren Räume des Tempels wieder her und weihten die Vorhöfe,

49 ließen auch neue heilige Geräte anfertigen und brachten den Leuchter und den Rauchopferaltar und den Schaubrottisch in den Tempel hinein.

50 Alsdann räucherten sie auf dem Altar und zündeten die Lampen auf dem Leuchter an, daß sie den Tempel erleuchteten.

51 Schließlich legten sie Brote auf den Tisch und hängten die Vorhänge auf. Als sie nun so die begonnenen Arbeiten allesamt vollendet hatten,

52 brachten sie in der Morgenfrühe am 25. Tage des 9. Monats – es war der Monat Kislev des Jahres 148 –

53 ein Opfer nach der Vorschrift des Gesetzes auf dem neuen Brandopferaltar dar, den sie erbaut hatten.

54 In derselben Jahreszeit und an demselben Tage, an dem die Heiden ihn entweiht hatten, an demselben Tage wurde die Einweihung vollzogen mit Lobgesängen und unter dem Klange von Zithern, Harfen und Zimbeln.

55 Das ganze Volk warf sich dabei mit dem Angesicht zur Erde nieder, brachte seine Anbetung dar und pries, zum Himmel blickend, den, der ihnen Gelingen gewährt hatte.

56 Hierauf feierten sie das Fest der Einweihung

des Altars acht Tage lang, brachten dabei Brandopfer mit Freuden dar und opferten Heils- und Lobopfer;

57 auch schmückten sie die Vorderseite des Tempels mit goldenen Kränzen und mit Schildchen, stellten die Tore und die Zellen wieder her und versahen diese mit Türen.

58 Es herrschte überaus große Freude beim Volk, daß die Entehrung durch die Heiden wieder gutgemacht war.

59 Judas aber und seine Brüder, sowie die ganze israelitische Gemeinde setzten fest, daß das Fest der Altarweihe in der Folgezeit Jahr für Jahr acht Tage lang vom 25. Tage des Monats Kislev an mit Freude und Fröhlichkeit gefeiert werden sollte.

60 Ferner umbauten sie zu jener Zeit den Berg Zion ringsum mit hohen Mauern und festen Türmen, damit die Heiden nicht wiederkämen und alles niederträten wie zuvor.

61 Dann legte er eine Besatzung hinein, um ihn zu sichern; und man befestigte auch (um ihn zu sichern), Bethsura, damit das Volk eine Deckung gegen Idumäa habe.

5. Kapitel

*Judas Makkabäus
besiegt die Idumäer und andere Völker*

1 Als nun die Heiden ringsum vernahmen, daß der Altar wieder-hergestellt und das Heiligtum neu eingeweiht worden sei, gerieten sie in volle Wut

2 und faßten den Entschluß, alle zum Geschlecht Jakobs Gehörigen, die in ihrer Mitte wohnten, auszurotten; und sie fingen auch wirklich an, einzelne von dem Volke zu ermorden und ums Leben zu bringen.

3 Da griff Judas die Nachkommen Esaus in ihrem Lande Idumäa an, und zwar in der Landschaft Akrabattene, weil sie Israel durch ihre Einfälle belästigten; er brachte ihnen eine schwere Niederlage bei, durch die er sie demütigte, und nahm ihnen Beute ab.

4 Dann gedachte er auch der Bosheit der Bewohner von Bajan, die unserem Volke als Wegelagerer Schaden und schlimme Verluste zufügten.

5 Sie wurden von ihm in ihre festen Türme eingeschlossen und belagert, und er vollstreckte dann den Bann an ihnen, indem er die Türme in ihrem Lande in Brand steckte und mit allen ihren Insassen verbrannte.

6 Als er hierauf weiter gegen die Ammoniter gezogen war, stieß er dort auf eine starke

Streitmacht und zahlreiches Kriegsvolk unter der Anführung des Timotheus.

7 Er lieferte diesen viele Gefechte; sie wurden von ihm niedergeworfen, und er besiegte sie.

8 Als er dann Jaser samt den zugehörigen Ortschaften eingenommen hatte, kehrte er nach Judäa zurück.

Hilfe für die Juden im Ostjordanland und in Galiläa

9 Nun taten sich auch die Heiden in Gilead gegen die Israeliten zusammen, die in ihrem Gebiete wohnten, um sie auszurotten. Diese flüchteten sich in den festen Platz Dathema

10 und sandten an Judas und seine Brüder ein Schreiben, das folgenden Wortlaut hatte: 'Die Heiden rings um uns her haben sich gegen uns zusammengetan, um uns zu vertilgen;

11 sie schicken sich an, heranzukommen und den festen Platz zu erobern, in den wir uns geflüchtet haben; Timotheus steht an der Spitze ihres Heeres.

12 So komm nun und rette uns aus ihrer Hand! Schon sind gar viele von unseren Leuten gefallen;

13 alle unsere Brüder im Lande Tob sind ums Leben gekommen; ihre Weiber und Kinder und alle ihre Habe hat man als Beute weggeführt und dort an 1000 Männer umgebracht'.

14 Während man dieses Schreiben noch vorlas,

trafen andere Boten aus Galiläa mit zerrissenen Kleidern ein und meldeten ganz Ähnliches,

15 nämlich: es hätten Zusammen-rottungen gegen sie aus Ptolemais, Tyrus und Sidon stattgefunden, und das ganze heidnische Galiläa (habe sich zusammengetan), um sie vollständig zu vertilgen.

16 Als Judas und das Kriegsvolk diese Berichte vernommen hatten, wurde eine große Versammlung berufen, um zu beraten, was sie für ihre Brüder tun sollten, die sich in einer solchen Notlage befänden und von den Heiden angegriffen würden.

17 Da sagte Judas zu seinem Bruder Simon: 'Wähle dir Männer aus und zieh hin, um deine Brüder in Galiläa zu retten; ich aber und mein Bruder Jonathan, wir wollen nach Gilead ziehen'.

18 Sodann ließ er Joseph, den Sohn Sacharjas, und Asarja als Hauptleute mit dem Rest des Heeres in Judäa zum Schutz des Landes zurück

19 und gab ihnen die bestimmte Weisung: 'Befehligt diesen Heeresteil, laßt euch aber auf keinen Kampf mit den Heiden ein, bis wir zurückgekehrt sind'.

20 Dem Simon wurden hierauf 3000 Mann für den Zug nach Galiläa zugeteilt und dem Judas 8000 Mann für Gilead.

Simon rettet die Juden aus Galiläa

21 Simon zog also nach Galiläa, wo er dann den Heiden viele Gefechte lieferte, und die Heiden wurden von ihm geschlagen.

22 Er verfolgte sie bis an das Tor von Ptolemais; es fielen von diesen Heiden etwa 3000 Mann, und er gewann reiche Beute von ihnen.

23 Alsdann nahm er die Juden, die er in Galiläa und (in der Landschaft) Arbatta vorgefunden hatte, mit sich samt ihren Frauen und Kindern und aller ihrer Habe und führte sie mit großer Freude nach Judäa.

24 Unterdessen hatte Judas, der Makkabäer, und sein Bruder Jonathan den Jordan überschritten und waren drei Tagereisen weit in die Wüste gezogen.

25 Dort trafen sie auf die Nabatäer, die ihnen friedlich entgegenkamen und ihnen alles berichteten, was ihren Brüdern in Gilead widerfahren sei,

26 und daß viele von ihnen in Bosra, Bosor, Alama, Kasphor, Maked und Karnain, lauter festen und großen Städten, eingeschlossen seien;

27 auch in den übrigen Städten Gileads seien manche eingeschlossen, und man habe die Absicht, die festen Plätze am folgenden Tage zu bestürmen und zu erobern und die dort befindlichen Juden alle an einem Tage niederzumetzeln.

28 Da machte Judas mit seinem Heere unverweilt Kehrt und zog in die Wüste nach Bosor, nahm die Stadt ein und machte die ganze männliche Bevölkerung darin mit der Schärfe des Schwertes nieder; dann nahm er ihren ganzen Besitz als Beute hin und ließ die Stadt in Flammen aufgehen.

29 Sodann brach er bei Nacht von dort auf und zog bis zur Festung (Dathema).

30 Als nun der Morgen anbrach und sie Umschau hielten, gewahrten sie dort Kriegsvolk in unzählbarer Menge, das Sturmleitern und Maschinen trug, um die Festung zu erstürmen, und gerade im Kampfe mit den Belagerten begriffen war.

31 Als nun Judas sah, daß der Kampf begonnen hatte und der Lärm von der Stadt mit Trompetenschall und lautem Rufen bis zum Himmel empordrang,

32 da rief er seinen Kriegern zu: 'Kämpft heute für eure Brüder!'

33 Herauf griff er sie mit drei Heerhaufen im Rücken an, wobei sie die Trompeten erschallen ließen und laute Gebetsrufe ausstießen.

34 Da erkannte das Heer des Timotheus, daß es der Makkabäer sei, und ergriff die Flucht vor ihm; er brachte ihnen eine schwere Niederlage bei, und es fielen von ihnen an jenem Tage gegen 8000 Mann.

35 Nun wandte er sich gegen Mizpa, eroberte es im Sturm und machte die gesamte männliche

Bevölkerung darin nieder; dann ließ er die Stadt plündern und in Flammen aufgehen.

36 Von dort zog er weiter und eroberte Kasphor, Maked, Bosor und die übrigen Städte der Landschaft Gilead.

37 Nach diesen Begebenheiten brachte Timotheus ein anderes Heer zusammen und lagerte sich Raphon gegenüber, jenseits des Baches.

38 Als Judas nun das Heer auskundschaften ließ, erhielt er folgende Meldung: 'Alle Heiden, die rings um uns her wohnen, sind dort bei ihnen zusammengekommen; es ist eine ganz gewaltige Heeresmacht.

39 Auch Araber haben sie als Hilfstruppen in Sold genommen; sie lagern jenseits des Baches und sind zum Angriff gegen dich bereit'. Darauf zog Judas ihnen entgegen.

40 Als sich Judas nun mit seinem Heere dem strömenden Gießbache näherte, sagte Timotheus zu seinen Hauptleuten: 'Kommt er zuerst zu uns herüber, so werden wir ihm nicht widerstehen können, weil er uns im Gefühl seiner Überlegenheit besiegen wird;

41 fürchtet er sich aber und lagert er sich jenseits des Flusses, so wollen wir gegen in hinübergehen und ihn überwältigen'.

42 Als nun Judas nahe an den strömenden Gießbach gekommen war, ließ er die geschäftsführenden Beamten des Heeres an den Gießbach herantreten und erteilte ihnen die

Weisung: 'Laßt niemand im Lager zurück: alle sollen am Angriff teilnehmen!'
43 Hierauf ging er an der Spitze des Zuges hinüber auf sie los und das ganze Heer hinter ihm her. Da wurden alle Heiden von ihm zurückgeschlagen; sie warfen ihre Waffen weg und flüchteten sich in den Tempel zu Karnain.
44 Judas eroberte jedoch die Stadt und verbrannte den Tempel mit allen, die sich darin befanden. So wurde Karnain gedemütigt, und sie vermochten dem Judas nicht länger zu widerstehen.

Eroberung von Ephron und glückliche Heimkehr nach Jerusalem

45 Hierauf ließ Judas alle in der Landschaft Gilead wohnenden Israeliten, klein und groß, samt ihren Weibern und Kindern und ihren Habseligkeiten zusammenkommen, einen gewaltig großen Heereszug, um sie ins jüdische Land abzuführen.
46 So gelangten sie bis Ephron; das war eine große, sehr feste Stadt am Eingang des Passes, an der man weder rechts noch links vorbeikommen konnte, sondern man mußte mitten durch sie hindurchziehen.
47 Die Bewohner der Stadt aber verweigerten ihnen den Durchzug und verrammelten die Tore mit Steinen.
48 Judas sandte Boten an sie mit der friedlichen

Botschaft: 'Wir wollen nur durch dein Gebiet hindurchziehen, um in unser Vaterland zurückzukehren; niemand wird euch etwas zuleide tun; wir wollen lediglich hindurchziehen'; aber sie wollten ihm die Tore nicht auftun.

49 Da ließ Judas im Heere ausrufen, jeder solle sich an dem Orte lagern, wo er sich gerade befinde.

50 So machten denn die Kriegsleute Halt, bestürmten alsdann die Stadt während jenes Tages und die ganze Nacht hindurch, bis die Stadt in ihre Hände fiel.

51 Er ließ dann die gesamte männliche Bevölkerung mit der Schärfe des Schwertes niedermachen, ließ die Stadt plündern und von Grund aus zerstören und zog hierauf hindurch über die Leichen der Getöteten hinweg.

52 Darauf setzten sie über den Jordan und gelangten in die große Ebene Bethsean gegenüber.

53 Judas hatte aber unterwegs überall die Nachzügler zusammengehalten und den Leuten Mut zugesprochen, bis sie ins jüdische Land kamen.

54 Hier zogen sie auf den Zionsberg mit Freude und Fröhlichkeit hinauf und brachten Brandopfer dar, weil kein einziger von ihnen ums Leben gekommen war bis zu ihrer glücklichen Heimkehr.

Josef und Asarja unterliegen bei Jamnia

55 Während nun Judas und Jonathan in Gilead waren und ihr Bruder Simon in Galiläa vor Ptolemais,

56 erhielten Joseph, der Sohn Sacharjas, und Asarja, die Anführer der Streitkräfte (in Judäa), Kunde von den Heldentaten und Kämpfen, die jene vollführt hatten.

57 Da dachten sie: 'Auch wir wollen uns einen Namen machen und zum Kampf mit den Heiden rings um uns her ausziehen!'

58 So boten sie denn die Mannschaften auf, die unter ihrem Befehl standen, und zogen gegen Jamnia.

59 Aber Gorgias mit seinen Leuten zog aus der Stadt hinaus ihnen entgegen und griff sie an;

60 und Joseph und Asarja wurden geschlagen und bis an die Grenze des jüdischen Landes verfolgt, und es fielen an diesem Tage von dem israelitischen Kriegsvolk gegen 2000 Mann.

61 So hatte also das israelitische Heer eine schwere Niederlage erlitten, weil sie dem Befehle des Judas und seiner Brüder nicht gehorcht, sondern gemeint hatten, Heldentaten verrichten zu müssen.

62 Sie stammten eben nicht aus dem Geschlecht jener Männer, durch deren Verdienst den Israeliten die Rettung zuteil geworden ist.

63 Der Held Judas aber und seine Brüder

gewannen großen Ruhm bei allen Israeliten und selbst bei den Heiden, wo immer man auf sie zu sprechen kam;

64 und groß war die Zahl derer, welche zu ihnen kamen, um ihnen Glück zu wünschen.

Judas kämpft gegen Edomiter und Philister

65 Judas zog dann mit seinen Brüdern ins Feld, um die Nachkommen Esaus im südlichen Teile des Landes zu bekriegen. Er nahm Hebron mit den zugehörigen Ortschaften ein, schleifte die Festungswerke der Stadt und verbrannte ihre Türme ringsum.

66 Sodann brach er auf zum Zuge ins Land der Philister und durchzog Samaria.

67 Bei dieser Gelegenheit kamen Priester im Kampfe ums Leben, die dort auch ihre Tapferkeit zeigen wollten, indem sie unbedachterweise am Kampfe teilnahmen.

68 Judas wandte sich dann nach Asotus im Philisterlande, zerstörte die dortigen Altäre, verbrannte die Schnitzbilder ihrer Götter, plünderte die Städte und kehrte dann nach Judäa zurück.

6. Kapitel

Epiphanes unterliegt in Elymaïs und stirbt

1 Unterdessen durchzog der König Antiochus die oberen Länder. Als er nun vernahm, daß Elymais in Persien eine durch ihren Reichtum, durch Silber und Gold berühmte Stadt sei

2 und daß sich dort ein überaus reicher Tempel mit goldenen Rüstungen und Panzern und anderen Waffen befinde, die der mazedonische König Alexander, der Sohn Philipps, der erste König von Griechenland, dort niedergelegt habe,

3 so zog er hin und suchte die Stadt zu erobern und zu plündern; aber es gelang ihm nicht, weil die Sache den Stadtbewohnern kund geworden war.

4 Sie traten ihm also mit den Waffen in der Hand entgegen, und er mußte die Flucht ergreifen und zu seinem großen Leidwesen von dort wieder abziehen, um nach Babylon zurückzukehren.

5 Da kam ein Bote zu ihm nach Persien mit der Meldung, daß seine Heere, die ins jüdische Land geschickt worden waren, in die Flucht geschlagen seien;

6 auch Lysias, der an der Spitze einer starken Heeresmacht ins Feld gezogen war, sei von ihnen geschlagen worden; die Juden aber seien durch die Waffen und den Kriegsbedarf und die

reiche Beute, die sie den besiegten Heeren abgenommen hätten, stark geworden,

7 hätten auch den scheußlichen Gräuel, den der König auf dem Altar in Jerusalem aufgestellt habe, wieder entfernt und das Heiligtum wie früher mit hohen Mauern umgeben, ebenso auch seine Stadt Bethsura.

8 Als der König diesen Bericht vernahm, erschrak er sehr und wurde tief erschüttert; er mußte sich zu Bett legen und verfiel vor Kummer in eine Krankheit, weil die Dinge nicht nach seinem Wunsch verlaufen waren.

9 Er blieb dort längere Zeit, weil tiefer Kummer ihn immer aufs neue überfiel. Da er nun sein Ende nahen fühlte,

10 ließ er alle seine Freunde zu sich rufen und richtete folgende Ansprache an sie: 'Der Schlaf bleibt meinen Augen fern, und aller Mut ist mir vor Kummer entschwunden.

11 Ich sage zu mir selbst: In welche Trübsal bin ich geraten, und in welchem gewaltigen Unglücksstrudel befinde ich mich jetzt! Ich war ja doch menschenfreundlich und beliebt während meiner Regierung.

12 Jetzt aber denke ich an die Übeltaten zurück, die ich in Jerusalem verübt habe, wo ich alle goldenen und silbernen Geräte, die sich dort befanden, geraubt habe, und ich habe (Heere) hingeschickt, um die Bewohner des jüdischen Landes ohne Ursache auszurotten.

13 Ich sehe wohl ein, daß mich zur Strafe dafür

dieses Unglück betroffen hat; und nun muß ich ach! in einem fremden Lande in tiefer Betrübnis sterben!'

14 Hierauf berief er Philippus, einen seiner Freunde, setzte ihn zum Reichsverweser ein

15 und übergab ihm sein Diadem, seinen Mantel und seinen Siegelring, damit er seinen Sohn Antiochus erziehe und zur Führung der Staatsgeschäfte fähig mache.

16 Hierauf starb der König Antiochus daselbst im Jahre 149.

Judas belagert die Burg von Jerusalem

17 Als nun Lysias den Tod des Königs erfuhr, setzte er dessen Sohn Antiochus, den er bisher erzogen hatte, als König ein und legte ihm den Beinamen Eupator bei.

18 Unterdessen machte die (syrische) Besatzung in der Burg den Israeliten rings um den Tempelbezirk in beängstigender Weise zu schaffen; sie war allezeit darauf bedacht, Unheil anzurichten, und bildete eine Stütze für die Heiden.

19 Daher entschloß Judas sich dazu, ihrem Treiben ein Ende zu machen; er bot also sein gesamtes Kriegsvolk auf, um sie zu belagern.

20 Als alle sich gesammelt hatten, eröffneten sie die Belagerung im Jahre 150, indem er Geschütztürme und Belagerungsmaschinen gegen sie aufstellte.

21 Es gelang aber einigen von ihnen, aus der Umschließung zu entkommen, und diesen schlossen sich etliche vom Glauben abgefallene Juden an;

22 diese begaben sich zum Könige und sagten zu ihm: 'Wann wirst du endlich Recht schaffen und Rache für unsere Brüder nehmen?

23 Wir haben deinem Vater willig gedient und nach seinen Geboten uns verhalten und sind seinen Befehlen nachgekommen.

24 Eben deswegen haben nun unsere Volksgenossen die Burg zu belagern begonnen und sind uns feind geworden; ja, sie haben die von uns, deren sie habhaft werden konnten, ums Leben gebracht, und unser Hab und Gut ist geraubt worden.

25 Und nicht gegen uns allein haben sie ihre Hand ausgestreckt, sondern auch gegen alle angrenzenden Gebiete.

26 Und jetzt haben sie sich gar gegen die Burg in Jerusalem gelagert, um sich ihrer zu bemächtigen, und haben ihr Heiligtum und auch Bethsura befestigt.

27 Und wenn du ihnen nicht schnell zuvorkommst, so werden sie noch Schlimmeres als dies anrichten, und du wirst nicht mehr imstande sein, ihnen Einhalt zu tun!'

Eupator kämpft gegen die Juden

28 Als der König dies hörte, geriet er in Zorn; er ließ alle seine Freunde zusammenkommen, auch seine Heeresobersten und die Befehlshaber der Reiterei;

29 auch aus anderen Reichen und von den Inseln des Mittelmeeres kamen Söldnerscharen zu ihm,

30 so daß sich seine Streitkräfte auf 100.000 Mann zu Fuß und 20.000 Reiter beliefen; außerdem waren noch 32 für den Krieg abgerichtete Elefanten da.

31 Diese zogen dann durch Idumäa, lagerten sich vor Bethsura und bestürmten es längere Zeit, wobei sie auch Belagerungsmaschinen in Anwendung brachten. Die Belagerten aber machten Ausfälle, verbrannten die Maschinen und wehrten sich mannhaft.

32 Judas zog nun von der Burg (in Jerusalem) ab und lagerte sich bei Beth-Sacharja dem königlichen Heere gegenüber.

33 Da ließ der König sein Heer früh am Morgen im Eilmarsch auf Beth-Sacharja zu vorrücken, seine Truppen stellten sich dann in Schlachtordnung auf, und man ließ Trompetensignale erschallen;

34 den Elefanten aber zeigte man Rotwein und (gegorenen) Maulbeersaft, um sie zum Kampfe zu reizen.

35 Man verteilte die Tiere unter die einzelnen

Abteilungen des Heeres und ordnete jedem Elefanten 1000 Mann zu, die mit Kettenpanzern gewappnet waren und eherne Helme auf dem Haupte trugen; auch waren jedem Tiere 500 auserlesene Reiter beigegeben;

36 diese waren auch früher schon immer mit dem (betreffenden) Tiere, wo es war, zusammengewesen und waren mit ihm gegangen, wohin es immer ging, ohne sich von ihm zu entfernen.

37 Auf den Tieren aber waren feste Holztürme angebracht, die ein jedes Tier bedeckten und mit Gurten kunstvoll auf ihm festgemacht waren; und auf jedem Turme befanden sich 32 Krieger, die von oben her kämpften, und überdies der (das Tier lenkende) Inder.

38 Die übrige Reiterei aber stellte man hierhin und dorthin an die beiden Flügel des Heeres, um (die Feinde) zu beunruhigen und den Abteilungen als Deckung zu dienen.

39 Als nun die Sonne auf die vergoldeten und mit Erz überzogenen Schilde schien, erglänzten die Anhöhen von ihnen und strahlten wie Feuerfackeln.

40 Ein Teil des königlichen Heeres breitete sich über die hohen Berge aus und ein anderer über die Niederungen, und sie zogen zuversichtlich und in guter Ordnung heran.

41 Da wurden alle bestürzt, die das Getöse von diesen Massen und den Anmarsch ihrer Menge und das Klirren ihrer Waffen vernahmen; denn

es war ein gewaltig großes und starkes Heer.

42 Nun zog Judas mit seinem Heere zum Angriff heran, und es fielen vom königlichen Heer 600 Mann.

43 Als nun Eleasar (genannt) Awaran eines der Tiere mit königlichen Panzern gewappnet und alle die übrigen Tiere überragen sah, so daß es aussah, als ob sich der König auf ihm befände,

44 da opferte er sich auf, um sein Volk zu retten und sich ewigen Ruhm zu erwerben.

45 Er lief nämlich kühn auf das Tier zu mitten in die feindliche Abteilung hinein und teilte tödliche Hiebe nach rechts und nach links aus, so daß die Feinde hüben und drüben vor ihm zurückwichen.

46 Sodann kroch er unter den Elefanten, stieß ihm das Schwert in den Leib und tötete ihn; da das Tier dann aber zur Erde auf ihn fiel, fand er dort seinen Tod.

47 Als sie aber die Überlegenheit der königlichen Streitmacht erkannten und den Andrang des Heeres gewahrten, wichen sie vor ihnen zurück.

48 Hierauf zogen die Mannschaften des königlichen Heeres zum Kampfe mit ihnen nach Jerusalem hinauf, und der König schlug ein Lager auf zur Unterwerfung des jüdischen Landes und zur Eroberung des Berges Zion.

49 Mit der Besatzung von Bethsura aber schloß er einen Vertrag, auf Grund dessen sie aus dem Orte abzogen; sie hatten sich dort infolge des

Mangels an Lebensmitteln nicht länger halten können, weil für das Land ein Sabbatjahr bestand.

50 Der König gewann also Bethsura und legte eine Besatzung hinein, um es zu behaupten.

51 Das Heiligtum aber belagerte er lange Zeit und ließ dort Geschütztürme und andere Maschinen aufstellen, z.B. Feuerwerfer und Skorpione, um Pfeile zu schießen, auch Steinschleuderer.

52 Aber auch die Belagerten stellten Maschinen auf gegen die der Feinde und verteidigten sich lange Zeit.

53 Doch hatten sie keine Lebensmittel mehr im Heiligtum, weil es das siebente Jahr war, und die, welche vor den Heiden nach Judäa geflüchtet waren, hatten den Rest der Vorräte aufgezehrt.

54 So waren denn im Heiligtum nur wenige Männer zurückgeblieben, weil der Hunger für sie unerträglich geworden war; sie hatten sich vielmehr zerstreut, ein jeder nach seinem Wohnort.

Eupator gewährt Religionsfreiheit

55 Da erhielt Lysias die Nachricht, daß Philippus, den der König Antiochus kurz vor seinem Tode zum Vormund seines Sohnes Antiochus bestellt hatte, um ihn für die Regierung heranzubilden,

56 aus Persien und Medien zurückgekehrt sei, und zwar an der Spitze der Truppen, die mit dem Könige ausgezogen waren, und daß er darauf ausgehe, die Regierung des Reiches in seine Hand zu bringen.

57 Da war er auf eiligen Abzug bedacht und sagte zum Könige, sowie zu den Heerführern und den Mannschaften: 'Wir werden jeden Tag schwächer; auch haben wir nur noch wenig Proviant, und der Platz, den wir belagern, ist fest; dazu liegt uns die Sorge für das Reich ob.

58 So wollen wir denn jetzt diesen Leuten die Hand der Versöhnung bieten und Frieden mit ihnen und mit ihrem ganzen Volke schließen;

59 wir wollen ihnen also gestatten, nach ihren Gesetzen und Bräuchen zu leben wie früher; denn um ihrer Gesetze und Bräuche willen, die wir abgeschafft haben, sind sie in solchen Zorn geraten und haben dies alles getan'.

60 Dieser Vorschlag fand den Beifall des Königs und der Heerführer, und Lysias ließ ihnen Friedensvorschläge machen, die sie auch annahmen.

61 Der König und die Heerführer beschworen diesen Vertrag, und die Belagerten zogen aus der Festung ab.

62 Als dann aber der König auf den Berg Zion gezogen war und die Festungswerke des Platzes in Augenschein genommen hatte, da brach er den Eid, den er geschworen hatte, und gab Befehl, die Mauer ringsum niederzureißen.

63 Hierauf zog er in aller Eile ab und kehrte nach Antiochien zurück; dort fand er Philippus als Herrn der Stadt vor; er griff ihn an und bemächtigte sich der Stadt mit Gewalt.

35 Also sollen es um und um achtzehntausend Ruten sein. Und alsdann soll die Stadt genannt werden: "Hier ist der HERR".

7. Kapitel

Demetrius I. Soter
bestimmt Statthalter und Hohepriester

1 Im Jahre 151 entwich Demetrius, der Sohn des Seleukus aus Rom und landete mit wenigen Begleitern in einer Seestadt und nahm den Königstitel an.
2 Als er sodann (in Antiochien) in den Königspalast seiner Väter einzog, ergriffen die Truppen den Antiochus und Lysias, um sie vor ihn zu bringen.
3 Als er Kunde davon erhielt, erklärte er: 'Sie dürfen mir nicht vor die Augen kommen!'
4 Da wurden sie von den Truppen ermordet, und Demetrius bestieg den Königsthron.
5 Nun kamen zu ihm alle abtrünnigen und gottlosen Männer aus Israel unter Führung des Alkimus, der Hoherpriester sein wollte.
6 Diese erhoben bei dem Könige folgende Anklagen gegen das Volk: 'Judas und seine Brüder haben alle deine Freunde ums Leben

gebracht und uns aus unserem Vaterlande vertrieben.

7 Entsende daher jetzt einen Mann, der dein Vertrauen besitzt, daß er hingehe und sich all das Unheil ansehe, das jener über uns und das Land des Königs gebracht hat, und sie und alle ihre Helfershelfer bestrafe'.

8 Da erwählte der König aus der Zahl der königlichen Freunde den Bakchides, den Statthalter der Provinz jenseits des Euphrat, einen im Reiche hochangesehenen und dem Könige treu ergebenen Mann;

9 diesen entsandte er zusammen mit dem gottlosen Alkimus, dem er das Hohepriestertum zugesagt hatte, und erteilte ihm den Befehl, die Rache an den Israeliten zu vollziehen.

10 So brachen sie denn auf und kamen mit starker Heeresmacht ins jüdische Land. Da sandte Bakchides Boten an Judas und seine Brüder mit friedlichen Worten, aber in hinterlistiger Absicht;

11 sie schenkten jedoch ihren Worten keine Beachtung, weil sie sahen, daß jene mit starker Heeresmacht gekommen waren.

12 Es kam aber bei Alkimus und Bakchides eine Schar von Schriftgelehrten zusammen, um berechtigte Wünsche vorzutragen;

13 und zwar waren die Asidäer die ersten unter den Israeliten, die in ein friedliches Verhältnis mit ihnen zu treten wünschten.

14 Sie dachten nämlich: 'Ein Priester von

Aarons Stamm ist mit diesem Heere gekommen; der wird uns nichts zuleide tun'.

15 Und er ließ auch friedliche Worte gegen sie verlauten und gab ihnen die eidliche Versicherung: 'Wir werden niemals Böses gegen euch und eure Freunde im Schilde führen'.

16 Da schenkten sie ihm Vertrauen; doch er ließ sechzig Männer von ihnen festnehmen und an einem Tage hinrichten gemäß dem Worte der Heiligen Schrift (Psalm 79, 2 u. 3):

17 'Die Leiber deiner Heiligen haben sie hingestreckt und ihr Blut vergossen rings um Jerusalem her, und niemand war für sie da, sie zu begraben'.

18 Da befiel Furcht vor ihnen und Zittern die ganze Bevölkerung, denn man sagte: 'Diese Menschen kennen keine Wahrheit und kein Recht, denn diese haben den Vertrag und den Eid gebrochen, den sie geschworen hatten'.

19 Hierauf zog Bakchides aus Jerusalem ab und lagerte sich bei Bezeth; von dort sandte er Mannschaften aus und ließ eine große Zahl von Männern festnehmen, die es mit ihm gehalten hatten, dann aber doch wieder abgefallen waren, auch einige aus dem Volke; er ließ sie grausam töten und ihre Leichen in die große Zisterne werfen.

20 Sodann übergab er das Land dem Alkimus, ließ eine Abteilung Soldaten zu seinem Schutze bei ihm und kehrte zum Könige zurück.

Judas Makkabäus bekämpft Alkimus

21 Alkimus aber suchte nun das Hohepriestertum mit Gewalt an sich zu bringen,

22 wobei alle diejenigen es mit ihm hielten, die ihr Volk zu zerrütten suchten; sie bemächtigten sich der Herrschaft im jüdischen Lande und richteten entsetzliches Unheil in Israel an.

23 Als nun Judas all das Unheil sah, welches Alkimus und sein Anhang an den Israeliten verübten, noch schlimmer als die Heiden,

24 zog er im ganzen Gebiet von Judäa umher und nahm Rache an den Abtrünnigen, so daß diese verhindert wurden, Züge in das Land zu unternehmen.

25 Als aber Alkimus sah, daß Judas und sein Anhang wieder an Macht gewachsen waren, und erkannte, daß er sich gegen sie nicht zu halten vermöge, kehrte er zum Könige zurück und führte schwere Klage gegen sie.

26 Der König sandte also Nikanor ab, einen seiner namhaftesten Feldherren, der die Israeliten tödlich haßte, und gab ihm den Befehl, das Volk auszurotten.

27 So kam denn Nikanor mit einem großen Heere und ließ an Judas und seine Brüder hinterlistigerweise eine friedliche Botschaft gelangen, die so lautete:

28 'Es soll zwischen mir und euch kein Streit bestehen! Ich will mit einer kleinen Mannschaft kommen, um euch in Frieden zu begrüßen!'

29 Er kam denn auch wirklich zu Judas, und sie begrüßten sich freundschaftlich, jedoch hatten die Feinde alles vorbereitet, um den Judas aufzugreifen.

30 Als nun Judas Kunde davon erhielt, daß jener in böser Absicht zu ihm gekommen sei, zog er sich eilig vor ihm zurück und wollte nicht länger persönlich mit ihm zusammensein.

31 So erkannte denn Nikanor, daß sein Anschlag verraten war, und brach nun auf, dem Judas entgegen, um ihm bei Kapharsalama eine Schlacht zu liefern.

32 Dabei fielen von den Leuten Nikanors gegen 5000 Mann; die übrigen flohen in die Davidsstadt.

33 Später ging Nikanor auf den Zionsberg hinauf; da traten ihm einige von den Priestern und von den Vornehmsten des Volkes aus dem heiligen Bezirk entgegen, um ihn freundlich zu begrüßen und ihn auf das Brandopfer aufmerksam zu machen, das man gerade für das Wohl des Königs darbrachte.

34 Er aber verhöhnte und verlachte sie, ja er entehrte sie tätlich und führte hochfahrende Reden;

35 voller Zorn schwur er dann: 'Wenn Judas und sein Heer mir jetzt nicht sofort ausgeliefert wird, so werde ich, wenn ich wohlbehalten hierher zurückgekehrt bin, dieses Haus verbrennen!' Hierauf ging er voller Zorn von dannen.

36 Da gingen die Priester hinein, traten vor den

Opferaltar und den Tempel, weinten und beteten:

37 'Du, Herr, hast dieses Haus dir erwählt, daß es nach deinem Namen genannt werde und für dein Volk eine Stätte des Gebets und Flehens sei.

38 Nimm Rache an diesem Menschen und seinem Heere, daß sie durchs Schwert fallen! Gedenke ihrer Lästerreden und laß sie nicht länger hier im Lande bleiben!'

39 Als Nikanor dann aus Jerusalem abgezogen war, und sich in Beth-Horon gelagert hatte, stieß noch ein syrisches Heer zu ihm,

40 Judas aber lagerte sich bei Adasa mit 3000 Mann. Da betete Judas folgendermaßen:

41 'Als einst die Gesandten des Assyrerkönigs gelästert hatten, ging ein Engel von dir aus, o Herr, und erschlug von ihnen 185.000 Mann.

42 Ebenso vernichte nun heute auch dieses Heer vor uns, damit die übrigen erkennen, daß er lästerlich wider dein Heiligtum geredet hat; ja, laß ihn büßen, wie seine Bosheit es verdient hat!'

43 Es kam dann zur Schlacht zwischen den beiden Herren am 13. Tage des Monats Adar; da wurde das Heer Nikanors geschlagen, und er selbst fiel als erster in der Schlacht.

44 Als nun seine Mannschaften sahen, daß er gefallen war, warfen sie ihre Waffen weg und wandten sich zur Flucht.

45 Die Juden verfolgten sie eine Tagereise weit von Adasa bis in die Gegend von Gazera und

ließen hinter ihnen her die Signaltrompeten erschallen;

46 da kamen die Leute aus allen jüdischen Dörfern ringsum heraus und überflügelten sie; da wandten die einen sich gegen die anderen, so daß sie alle durchs Schwert fielen; auch nicht einer von ihnen blieb am Leben.

47 Sie sammelten dann die Waffenbeute und nahmen auch das geraubte Gut an sich; dem Nikanor aber hieben sie den Kopf ab, sowie auch die rechte Hand, die er in seinem Hochmut erhoben hatte; die nahmen sie mit und hängten sie bei Jerusalem öffentlich auf.

48 Das Volk aber war hocherfreut und feierte jenen Tag als einen hohen Freudentag;

49 zugleich beschloß man, diesen Tag, den 13. Adar, alljährlich als Festtag zu begehen.

50 Nun wurde dem jüdischen Lande eine kurze Ruhezeit zuteil.

8. Kapitel

Bündnis mit den Römern

1 Damals erhielt Judas Kunde von dem Ruhm der Römer, daß sie stark und mächtig seien und allen denen, die sich an sie anschlössen, Wohlwollen bewiesen und Freundschaft mit allen ihren Bundesgenossen hielten,

2 und daß sie stark und mächtig seien. Man

erzählte ihm auch von ihren Kriegen und von den Heldentaten, die sie in den Kriegen mit den Galliern vollführten und daß sie diese bezwungen und tributpflichtig gemacht hätten;

3 sodann, was sie alles im Lande Spanien vollbracht hätten, um sich der dortigen Silber- und Goldbergwerke zu bemächtigen;

4 und wie sie dies ganze Land durch ihre Klugheit und Beharrlichkeit unterworfen hätten, obgleich dies Land sehr weit von ihnen entfernt war, und wie sie die Könige, die vom Ende der Erde gegen sie herangezogen seien, bekämpft hätten, bis sie ihrer Herr geworden wären und ihnen eine schwere Niederlage beigebracht hätten; und wie die übrigen ihnen nun jährlich Tribut entrichteten;

5 ferner wie sie Philippus und den Griechenkönig Perseus geschlagen und alle, die sich wider sie aufgelehnt, im Kriege besiegt und unterjocht hätten;

6 und wie Antiochus der Große, der König von Asien, der mit 120 Elefanten und einem riesigen Heere von Reitern, Kriegswagen und Fußvolk zum Kampf gegen sie ausgezogen war, von ihnen geschlagen worden sei,

7 und zwar hätten sie ihn lebendig gefangen genommen und hätten ihnen, nämlich ihm und seinen Nachfolgern in der Regierung, die Zahlung eines hohen Tributs, sowie die Stellung von Geiseln und die Abtretung eines Teiles seines Reiches auferlegt,

8 und zwar des indischen Landes und Mediens und Lydiens, also eines Teiles seiner schönsten Länder, die sie dann, nachdem sie sie von ihm erhalten hatten, dem König Eumenes geschenkt hätten.

9 Und als dann die Bewohner Griechenlands den Beschluß gefaßt hätten, gegen sie zu ziehen und sie zu vernichten,

10 dies aber zu ihrer Kenntnis gekommen sei, da hätten sie einen Feldherrn gegen sie entsandt und Krieg mit ihnen geführt, und es seien viele von ihnen auf den Schlachtfeldern gefallen; man habe dann ihre Weiber und Kinder in die Gefangenschaft geführt, sie ausgeplündert, ihr Land unterworfen, die Festungen geschleift und die Bevölkerung in Unterwürfigkeit versetzt bis zum heutigen Tage.

11 Auch die übrigen Reiche und die Inseln, soviele ihnen jemals entgegengetreten seien, hätten sie vernichtet und sich dienstbar gemacht;

12 mit ihren Freunden aber und mit denen, welche sich ihnen anvertrauten, hielten sie gute Freundschaft, während sie die Reiche nah und fern sich unterworfen hätten; und alle, die ihren Namen hörten, seien in Furcht vor ihnen.

13 Alle, denen sie Hilfe leisten wollten und deren Herrschaft ihnen erwünscht sei, behielten die Herrschaft dauernd; doch setzten sie auch nach Gutdünken ab und seien zu außerordentlicher Macht emporgestiegen.

14 Bei alledem aber habe sich keiner von ihnen die Krone aufgesetzt und sich mit dem Purpurmantel bekleidet, um darin zu prunken;

15 sondern sie hätten sich eine Ratsversammlung geschaffen, in der sich täglich 320 Ratsherren fort und fort über das Wohl des Volkes berieten, damit es gut um sie stände;

16 und sie vertrauten alljährlich einem einzigen Manne die Obergewalt über sich und die Regierung ihre ganzen Länderbesitzes an, und alle gehorchten diesem Einen, und Neid und Eifersucht gäbe es unter ihnen nicht.

17 Judas erwählte also Eupolemus, den Sohn des Johannes, des Sohnes des Akkos, und Jason, den Sohn Eleasars, und sandte sie nach Rom, um Freundschaft und Bundesgenossenschaft mit ihnen zu schließen

18 und damit sie ihnen das Knechtsjoch abnähmen, weil ja, wie sie sähen, das griechische Königshaus die Israeliten in Knechtschaft hielte.

19 So begaben sie sich denn nach Rom – es war das eine sehr weite Reise –, traten vor die Ratsversammlung, erhielten dort das Wort und sagten:

20 'Judas, der Makkabäer, und seine Brüder und das ganze jüdische Volk haben uns zu euch hergesandt, um ein Bündnis und Freundschaft mit euch abzuschließen und damit wir in die Zahl eurer Bundesgenossen und Freunde eingeschrieben werden'.

21 Diese Rede wurde günstig von ihnen aufgenommen.

22 Folgendes ist die Abschrift der Urkunde, die sie auf eherne Tafeln aufzeichnen ließen und nach Jerusalem sandten, damit sie dort bei ihnen als ein Denkmal des Freundschaftsbundes und der Bundesgenossenschaft diene:

23 'Möge es den Römern und dem jüdischen Volke zu Wasser und zu Lande für alle Folgezeit wohlgehen und Schwert und Feinde ihnen fern bleiben!

24 Wenn aber ein Krieg ausbricht zuerst für die Römer oder für irgend einen ihrer Bundesgenossen im ganzen Bereich ihrer Herrschaft,

25 so soll das jüdische Volk ihnen mit ganzem Herzen Beistand leisten, wie die Umstände es ihnen zur Pflicht machen.

26 Doch sollen sie ihnen während des Krieges Lebensmittel, Waffen, Geld und Schiffe weder liefern noch verschaffen, nach dem Ermessen der Römer, sondern sollen ihren Verpflichtungen nachkommen, ohne Entgelt dafür zu empfangen.

27 Ebenso sollen aber auch, wenn dem Volke der Juden zuerst ein Krieg entstehen sollte, die Römer ihnen von Herzen Hilfe leisten, wie die Umstände es ihnen zur Pflicht machen;

28 doch sollen ihnen, solange sie Hilfe leisten, Lebensmittel, Waffen, Geld und Schiffe nicht geliefert werden, nach dem Ermessen Roms;

und sie sollen diesen Verpflichtungen nachkommen, und zwar ohne Trug'.

29 Auf Grund dieser Bestimmungen also schlossen die Römer einen Vertrag mit dem jüdischen Volke.

30 'Wenn aber nachträglich der eine oder der andere Teil sich dazu entschließt, etwas hinzuzufügen oder wegzulassen, so sollen sie das nach ihrem Belieben tun dürfen, und was sie hinzufügen oder weglassen, soll gültig sein.

31 Was sodann die Unbilden betrifft, die der König Demetrius ihnen zufügt, so haben wir ihm folgendes geschrieben: "Warum hast du unseren Freunden und Bundesgenossen, den Juden, ein schweres Joch auferlegt?

32 Sollten sie also noch ferner Klage über dich führen, so werden wir ihnen zu ihrem Recht verhelfen und dich zu Wasser und zu Land bekriegen" '.

9. Kapitel

Judas fällt im Kampf gegen Bakchides

1 Als aber (der König) Demetrius vernahm, daß Nikanor und sein Heer in der Schlacht gefallen seien, schickte der Bakchides und Alkimus noch zum zweitenmal ins jüdische Land und den rechten Flügel seiner Heeresmacht mit ihnen.

2 Sie zogen in der Richtung nach Galgata,

lagerten sich vor Massaloth im Gebiet von Arbela, eroberten den Platz und brachten viele Menschen ums Leben.

3 Sodann, im ersten Monat des Jahres 152 lagerten sie sich vor Jerusalem,

4 brachen aber bald wieder auf und zogen nach Berea mit 20.000 Mann zu Fuß und 2000 Reitern.

5 Judas aber stand in einem Lager bei Elasa mit 3000 auserlesenen Kriegern.

6 Als diese nun die große Zahl der feindlichen Truppen sahen, gerieten sie in große Furcht, und viele verliefen sich aus dem Lager, so daß schließlich nur noch 800 Mann von ihnen übrig blieben.

7 Als Judas nun sah, daß sein Heer sich auflöste und der Kampf für ihn doch unvermeidlich sei, wurde er tief bekümmert, daß ihm die Zeit fehlte, seine Leute wieder zu sammeln;

8 und in seiner Verzweiflung sprach er zu denen, die ihm noch geblieben waren: 'Auf! laßt uns auf unsere Feinde losgehen! Vielleicht können wir den Kampf mit ihnen bestehen'.

9 Sie suchten ihn nun davon abzubringen, indem sie ihm vorstellten: 'Das ist unmöglich; wir wollen lieber für diesmal unser Leben retten und später mit unseren Brüdern wiederkommen und dann gegen sie kämpfen: wir sind unser zu wenige'.

10 Judas aber erwiderte: 'Da sei Gott vor, daß ich das tue und vor ihnen fliehe! Wenn denn

unsere Stunde gekommen ist, so wollen wir mannhaft für unsere Brüder sterben und auf unserer Ehre keinen Flecken hinterlassen!'

11 Hierauf zog das (feindliche) Heer aus dem Lager hinaus und stellte sich ihnen entgegen. Die Reiterei war in zwei Abteilungen geteilt; die Schleuderer und die Bogenschützen zogen dem Heere voran, und das Vordertreffen bildeten durchweg tapfere Krieger;

12 Bakchides aber befand sich auf dem rechten Flügel, und die Schlachtreihe rückte von beiden Seiten heran, wobei man in die Trompeten stieß.

13 Auch die Leute des Judas ließen die Trompeten erschallen, so daß die Erde von dem Getöse der beiden Heere erbebte, und der Kampf währte vom Morgen bis zum Abend.

14 Als nun Judas sah, daß Bakchides mit dem Kern seines Heeres auf dem rechten Flügel stand, da schlossen sich ihm alle an, die Mut im Herzen hatten,

15 und der rechte Flügel wurde von ihnen geschlagen, und sie verfolgten die Fliehenden bis zum Berge Azotus.

16 Als aber die Leute auf dem linken Flügel sahen, daß der rechte Flügel geschlagen war, nahmen sie eine Schwenkung vor und kamen hinter Judas und seinen Leuten her, diesen in den Rücken.

17 Da entspann sich ein heißer Kampf, und es gab zahlreiche Tote auf beiden Seiten;

18 auch Judas fiel, und die Übriggebliebenen ergriffen die Flucht.

19 Jonathan aber und Simon hoben ihren Bruder Judas auf und begruben ihn in der Gruft seiner Väter in Modein;

20 sie beweinten ihn dort, und ganz Israel veranstaltete eine große Totenklage um ihn, ein mehrtägiges Trauerfest, wobei man ausrief:

21 'Wie ist der Held gefallen, der Retter Israels!'

22 Was aber sonst noch von Judas zu berichten wäre, von den Kriegen und den Heldentaten, die er vollführt hat, und von seiner Größe, das ist nicht aufgezeichnet worden; und doch lag ein überaus reicher Stoff vor.

III. Dritter Teil:
Die Kämpfe und die Staatsleitung unter Jonathan

23 Nach dem Tode des Judas erhoben die Abtrünnigen im ganzen Lande Israel ihr Haupt, und alle Übeltäter kamen hoch.

24 Zugleich entstand in jener Zeit eine sehr große Hungersnot, so daß auch der Erdboden in treuloser Weise mit ihnen gemeinsame Sache machte.

25 Da traf Bakchides eine Auswahl unter den gottlosen Personen und setzte sie zu Herren im Lande ein.

26 Diese forschten nach den Anhängern des Judas und ließen sie aufspüren und vor Bakchides bringen, der sie dann zur Strafe zog und sie schmachvoll behandelte.

27 So herrschte denn in Israel eine große Trübsal, wie solche nie dagewesen war seit der Zeit, in der kein Prophet mehr unter ihnen aufgetreten war.

28 Da versammelten sich alle Anhänger des Judas und sagten zu Jonathan:

29 'Seit dem Tode deines Bruders Judas gibt es keinen Mann mehr wie ihn, der fähig wäre, gegen die Feinde und Bakchides und überhaupt wider die Gegner unseres Volkes ins Feld zu ziehen.

30 Daher wählen wir dich heute zu unserem Oberhaupt und zum Anführer in unseren Kriegen'.

31 Jonathan übernahm nunmehr die Führerschaft und trat an die Stelle seines Bruders Judas.

Jonatan rächt den Tod seines Bruders

32 Als Bakchides Kunde davon erhielt, suchte er ihn zu töten;

33 aber Jonathan und sein Bruder Simon und alle ihre Anhänger erfuhren es und flohen in die Wüste von Thekoa und lagerten sich beim Wasser der Zisterne von Asphar.

34 Bakchides erfuhr dies an einem Sabbattage

und ging persönlich mit seinem ganzen Heere über den Jordan.

35 Jonathan hatte nämlich seinen Bruder (Johannes) als Anführer des Trosses entsandt und die mit ihm befreundeten Nabatäer gebeten, seine und seiner Leute Fahrhabe, die bedeutenden Wert hatten, bei ihnen zur Aufbewahrung unterbringen zu dürfen.

36 Aber die Ambriter von Medaba waren gekommen, hatten sich des Johannes mit allem, was er mit sich führte, bemächtigt und waren damit abgezogen.

37 Einige Zeit später aber hatte man dem Jonathan und seinem Bruder Simon gemeldet, daß die Ambriter eine große Hochzeit feierten und daß sie die Braut, die Tochter eines der vornehmsten kanaanitischen Edlen, mit großem Gepränge von Nadabath abzuholen im Begriff seien.

38 Da hatten sie ihres Bruders Johannes gedacht, waren hinaufgezogen und hatten sich im Gebirge in einem Hinterhalt versteckt.

39 Als sie dann spähend Umschau hielten, war plötzlich Lärm erschollen und ein großer Troß sichtbar geworden, indem der Bräutigam mit seinen Freunden und Brüdern ihnen entgegenzog, mit Handpauken und Musik und vielen Waffen.

40 Da hatten sie sich aus ihrem Hinterhalt auf sie gestürzt und sie niedergemacht, so daß viele Erschlagene dalagen; die Übriggebliebenen

waren in die Berge geflohen, und jene hatten sich all ihrer Beute bemächtigt;

41 die Hochzeit aber war so in Trauer verwandelt und der Schall ihrer Musik in Wehklage.

42 Nachdem sie auf diese Weise Rache für das Blut ihres Bruders genommen hatten, waren sie in die Sumpfniederung am Jordan zurückgekehrt.

Bakchides kämpft mit Jonatan

43 Bakchides also hatte dies erfahren und war mit einem großen Heere bis an die Ufer des Jordans an einem Sabbattage gezogen.

44 Da sagte Jonathan zu seinen Leuten: 'Auf! laßt uns nun für unser Leben kämpfen! denn unsere Lage ist heute ernster als je.

45 Ihr seht ja: wir haben den Kampf vor uns und hinter uns; das Wasser des Jordans ist hüben und drüben, dazu Sumpf und dichtes Gebüsch, nirgends eine Möglichkeit auszuweichen.

46 So schreit denn jetzt zum Himmel, damit ihr aus der Hand eurer Feinde gerettet werdet!'

47 Die Schlacht begann, Jonathan erhob den Arm, um Bakchides zu erschlagen, doch dieser wich vor ihm zurück.

48 Da sprang Jonathan mit den Seinen in den Jordan, und sie schwammen hinüber ans jenseitige Ufer; die Feinde aber gingen nicht über den Jordan, um sie drüben anzugreifen.

49 Es waren aber auf Seiten des Bakchides an jenem Tage gegen 1000 Mann gefallen.

Festigung der Herrschaft in Judäa

50 Hierauf kehrte Bakchides nach Jerusalem zurück und legte feste Plätze in Judäa an: die Festung bei Jericho, ferner Emmaus, Bethhoron, Bethel, Thamnatha, Pharathon und Tephon; er umgab sie mit hohen Mauern, mit Toren und Riegeln
51 und legte Besatzungen hinein, um gegen Israel feindlich vorzugehen.
52 Er befestigte auch die Ortschaft Bethsura und Gasara und die Burg (zu Jerusalem) und legte Truppen hinein und Vorräte von Lebensmitteln.
53 Außerdem nahm er die Söhne der vornehmsten Einwohner des Landes als Geiseln und hielt sie in der Burg zu Jerusalem in Gewahrsam.

Alkimus stirbt

54 Im zweiten Monat des Jahres 153 gebot Alkimus, die Mauer des inneren Tempelvorhofes niederzureißen; er wollte nämlich das, was die Propheten geschaffen hatten, vernichten; und er fing wirklich mit dem Niederreißen an.
55 Da wurde er gerade zu dieser Zeit vom Schlage gerührt und sein Unternehmen dadurch

verhindert; er verlor die Sprache und wurde gelähmt, so daß er kein Wort mehr zu reden vermochte und in betreff seines Hauses keine Verfügungen mehr treffen konnte.

56 So starb damals Alkimus unter großen Qualen.

57 Als Bakchides nun sah, daß Alkimus tot war, kehrte er zum Könige zurück, und so hatte das jüdische Land zwei Jahre lang Ruhe.

Bakchides schließt Frieden mit Jonatan

58 Nun berieten sich die Abtrünnigen allesamt und sagten: 'Jonathan und seine Anhänger leben jetzt in Ruhe und Sicherheit; wir wollen also Bakchides herbeiholen, der soll sie dann alle in einer Nacht gefangen nehmen'.

59 Sie gingen also hin und besprachen sich mit ihm.

60 So brach er denn mit einer großen Mannschaft auf und ließ heimlich Briefe an alle seine Anhänger im jüdischen Lande gelangen, sie sollten Jonathan samt seinen Gesinnungsgenossen festnehmen; doch sie waren dazu nicht imstande, weil ihr Anschlag zur Kenntnis jener gekommen war.

61 Vielmehr waren sie es, die aus der Zahl der Landesbewohner, welche den boshaften Plan angestiftet hatten, gegen 50 Mann ergriffen und ums Leben brachten.

62 Hierauf entwich Jonathan mit Simon und

seinen Anhängern nach Bethbasi in der Wüste, baute dort das, was von dem Orte zerstört war, wieder auf und machte ihn zu einem festen Platze.

63 Als Bakchides dies erfuhr, zog er seine ganze Mannschaft zusammen und bot auch die betreffenden Juden auf.

64 Dann zog er vor Bethbasi, belagerte und bestürmte es längere Zeit und stellte Maschinen auf.

65 Da ließ Jonathan seinen Bruder Simon an Ort und Stelle zurück und zog mit geringer Mannschaft ins offene Land hinaus.

66 Er schlug Odomera und seine Brüder und die Phasironiter in ihrem Zeltlager. Als er so begonnen hatte, Siege zu erringen und mit seiner Streitmacht zurückzukehren

67 machte Simon mit seinen Leuten einen Ausfall aus der Stadt und verbrannte die Maschinen;

68 dann griff er den Bakchides an, der eine Niederlage erlitt, und verursachte ihm großen Kummer, weil sein Anschlag und sein Feldzug mißlungen war.

69 Er geriet in leidenschaftlichen Zorn gegen die abtrünnigen Männer, die ihm zum Zuge gegen das Land geraten hatten; er ließ viele von ihnen umbringen und beschloß dann, in sein Land heimzukehren.

Jonathan schließt einen günstigen Frieden mit Bakchides und entwickelt sich allmählich zum Oberhaupt des Staates

70 Als Jonathan das erfuhr, schickte er Gesandte an ihn, um Frieden mit ihm zu schließen und die Zurückgabe der Gefangenen zu erwirken.

71 Bakchides ging auch darauf ein, nahm die ihm gestellten Bedingungen an und schwur, solange Jonathan lebe, ihm nichts Böses zufügen zu wollen.

72 Er gab ihm auch wirklich die Gefangenen zurück, die er früher aus dem Lande Judäa weggeführt hatte; dann zog er in sein Land heim und kehrte fortan nie wieder in ihr Gebiet zurück.

73 So war denn der Krieg für die Israeliten zu Ende. Jonathan aber nahm seinen Wohnsitz in Machmas; er leitete von nun an die Staatsgeschäfte und erreichte es, daß die Abtrünnigen aus Israel verschwanden.

10. Kapitel

Alexander Balas und Demetrius I. Soter suchen Jonatans Freundschaft

1 Im Jahre 160 trat Alexander, der Sohn des Antiochus, mit dem Beinamen Epiphanes, auf

und eroberte Ptolemais; man nahm ihn willig auf, und so machte er sich dort zum König.

2 Auf die Kunde hiervon sammelte der König Demetrius ein gewaltiges Heer und zog gegen ihn in den Krieg.

3 Er ließ auch dem Jonathan ein freundliches Schreiben zugehen, um ihn hoch zu ehren.

4 Er dachte nämlich: 'Wir wollen schleunigst einen Friedensbund mit ihm schließen, ehe er einen solchen mit Alexander gegen uns abschließt;

5 er möchte sonst an all das Böse denken, das wir ihm und seinen Brüdern und seinem ganzen Volke zugefügt haben.

6 So gab er ihm also Vollmacht, ein Heer zu halten und sich mit Waffen zum Kriege zu versehen; weiter sollte er sein Bundesgenosse sein; auch ließ er ihm die Geiseln zurückgeben, die sich in der Burg (zu Jerusalem) befanden.

7 Hierauf begab sich Jonathan nach Jerusalem und las das Schreiben dem ganzen Volke und der ganzen Besatzung der Burg vor.

8 Da geriet diese in große Bestürzung, als sie vernahm, daß der König ihm gestattet habe, Truppen zusammenzubringen;

9 doch lieferten die Leute in der Burg dem Jonathan die Geiseln aus, die er dann ihren Eltern zurückgab.

10 Jonathan nahm nunmehr seinen Wohnsitz in Jerusalem und begann die Stadt aufzubauen und wiederherzustellen.

11 Dabei gebot er den Werkleuten, zu den Mauern und besonders zur Befestigung des Zionsberges ringsum Quadersteine zu verwenden, um das Mauerwerk recht stark zu machen; dies geschah denn auch.

12 Da machten sich die Ausländer, die sich in den von Bakchides angelegten festen Plätzen befanden, eiligst davon;

13 ein jeder verließ seinen Wohnort und kehrte in sein Heimatland zurück;

14 nur in Bethsura blieben einige von denen wohnen, die vom Gesetz und den Satzungen abgefallen waren; denn dieser Platz diente ihnen als Zufluchtsstätte.

Einsetzung Jonatans zum Hohenpriester

15 Als aber der König Alexander von all den Versprechungen hörte, die Demetrius dem Jonathan schriftlich gemacht hatte, und man ihm von den Kämpfen und Heldentaten erzählte, die er und seine Brüder verrichtet, und von den Leiden, die sie erduldet hätten,

16 da sagte er: 'Könnten wir wohl noch einen solchen Mann finden? So wollen wir ihn denn jetzt zu unserem Freund und Bundesgenossen machen!'

17 Er schrieb also einen Brief und ließ diesen dem Jonathan zugehen, folgenden Wortlauts:

18 'König Alexander entbietet seinem Bruder Jonathan seinen Gruß.

19 Wir haben vernommen, daß du ein tapferer Krieger bist und würdig, unser Freund zu sein.
20 So bestellen wir dich denn heute zum Hohenpriester deines Volkes und verleihen dir den Ehrennamen eines Freundes des Königs' – er schickte ihm aber zugleich ein Purpurgewand und eine goldene Krone – 'damit du unsere Partei ergreifst und Freundschaft mit uns hältst'.
21 So legte denn Jonathan die heilige Amtstracht im siebenten Monat des Jahres 160 am Laubhüttenfest an, sammelte auch ein Heer und versah sich reichlich mit Waffen.

Zugeständnisse des Demetrius an Jonatan

22 Als nun Demetrius Kunde davon erhielt, wurde er betrübt und sagte:
23 'Warum haben wir das verschuldet, daß Alexander uns zuvorgekommen ist, Freundschaft mit den Juden zu schließen, um sich zu verstärken?
24 Auch ich will ihnen schreiben und ihnen ermutigende Zusagen von hohen Würden und Geschenken machen, damit sie auf meine Seite treten und mir Beistand leisten'.
25 So ließ er denn folgende Botschaft an sie ergehen: 'König Demetrius entbietet dem Volke der Juden seinen Gruß.
26 Daß ihr die mit uns geschlossenen Verträge gehalten habt und der Freundschaft mit uns treu geblieben und nicht auf die Seite unserer Feinde

getreten seid, haben wir vernommen und uns darüber gefreut.

27 So fahrt nun auch fort, uns treu zu bleiben, so wollen wir euch belohnen für das, was ihr uns gegenüber tut.

28 Wir wollen euch nämlich von mancherlei lästigen Verpflichtungen befreien und euch Geschenke geben.

29 So befreie ich euch denn schon jetzt und gewähre allen Juden Erlaß der Kopfsteuer und der Salzsteuer und der Kronensteuer.

30 Ebenso erlasse ich von heute ab und weiterhin die Steuern für den dritten Teil des Saatenertrags und für die Hälfte der Baumfrüchte, deren Erhebung mir zusteht, und will sie hinfort nicht mehr einziehen lassen vom Lande Juda und von den drei dazu geschlagenen Bezirken Samarias (und Galiläas), und zwar vom heutigen Tage ab für alle Folgezeit.

31 Jerusalem ferner soll heilig und steuerfrei sein samt seinem Gebiet und ebenso die Zehnten und die anderen Abgaben.

32 Ich verzichte auch auf die Gewalt über die Burg in Jerusalem und übergebe sie dem Hohenpriester, damit er eine Besatzung, die er selbst ausgewählt hat, zu ihrer Bewachung hineinlege.

33 Alle Juden, die aus dem jüdischen Lande in irgend einen Teil meines Reiches als Gefangene weggeführt worden sind, gebe ich ohne

Lösegeld frei; und jedermann soll ihnen die Abgaben, auch für ihre Tiere, erlassen.

34 Und alle Feste, Sabbate, Neumonde und sonst geheiligte Tage, dazu drei Tage vor und nach jedem Feste – sie alle sollen für alle Zeit in meinem ganzen Reiche Tage der Steuerfreiheit und des Erlasses sein,

35 und niemand soll das Recht haben, einen von ihnen wegen irgend eines Rechtshandels zu belangen oder zu belästigen.

36 Ferner sollen von den Juden 30.000 Mann ausgehoben und dem Heere des Königs einverleibt werden, für deren Unterhalt gesorgt werden wird, wie dies allen Truppen des Königs zukommt.

37 Von diesen sollen dann Abteilungen in die großen Festungen des Königs verlegt werden, und aus diesen sollen Zugehörige in die Vertrauensämter des Reiches eingesetzt werden; ihre Vorgesetzten und Anführer aber sollen aus ihrer eigenen Mitte genommen werden und sollen nach ihren eigenen Satzungen und Bräuchen leben dürfen, wie der König es für das jüdische Land angeordnet hat.

38 Und die drei von der Landschaft Samarien zu Judäa geschlagenen Bezirke sollen so zu Judäa geschlagen sein, daß sie als unter der nämlichen Verwaltung stehend zu gelten haben und keiner anderen Gewalt untertan sind als der des Hohenpriesters.

39 Ptolemais und das zugehörige Gebiet

schenke ich hiermit dem Heiligtum in Jerusalem zur Bestreitung der Kosten des Gottesdienstes;

40 ich selbst aber will jährlich 15.000 Silberschekel beisteuern aus den königlichen Einkünften von den dazu geeigneten Orten.

41 Und alles übrige, was die Steuerbeamten noch nicht ausbezahlt haben, wie das in den früheren Jahren der Fall war, sollen sie von nun an für den Tempeldienst zahlen.

42 Außerdem sollen die 5000 Silberschekel, die man bisher von den Einkünften des Tempels, von dem Betrage, jährlich erhoben hat – auch diese sollen in Wegfall kommen, weil sie den diensttuenden Priestern gebühren.

43 Und alle, die in den Tempel zu Jerusalem oder in dessen ganzen Bereich fliehen, weil sie dem Könige gegenüber oder sonst in irgend einer Hinsicht Geldschulden haben, die sollen mit allem, was ihnen in meinem Reiche gehört, von der Schuld befreit sein.

44 Und für den Bau und die Wiederherstellung der Bauwerke des Heiligtums sollen die Kosten aus den königlichen Einkünften bestritten werden.

45 Ebenso sollen für den Bau der Mauern Jerusalems und für seine Befestigung ringsum die Kosten aus den königlichen Einkünften bestritten werden, wie auch für den Bau der übrigen Festungen Judäas'.

Bündnis zwischen Jonatan und Alexander Balas

46 Als nun Jonathan und das Volk diese Zusagen vernahmen, schenkten sie ihnen keinen Glauben und nahmen sie nicht an; denn sie gedachten der argen Bosheit, die der König an Israel verübt und mit der er sie schwer heimgesucht hatte.

47 Sie zogen es vielmehr vor, sich an Alexander anzuschließen, weil dieser ihnen zuerst mit freundschaftlichen Worten entgegengekommen war; und sie blieben seine Bundesgenossen, solange er regierte.

48 Nun sammelte der König Alexander ein gewaltiges Heer und zog gegen Demetrius zu Felde.

49 Als es dann zwischen den beiden Königen zur Schlacht kam, wurde das Heer des Demetrius in die Flucht geschlagen, und Alexander verfolgte ihn und errang einen entscheidenden Sieg,

50 den er erfolgreich bis Sonnenuntergang ausnutzte; Demetrius aber fand an diesem Tage seinen Tod.

51 Hierauf schickte Alexander eine Gesandtschaft an Ptolemäus, den König von Ägypten, mit folgender Botschaft:

52 'Ich bin in mein Reich zurückgekehrt, habe den Thron meiner Väter bestiegen und die Herrschaft angetreten; ich habe den Demetrius besiegt und unser Land in Besitz genommen

53 und zwar ist er mit seinem Heere in einer Schlacht, die ich ihm lieferte, von uns besiegt worden, und so haben wir seinen königlichen Thron bestiegen:

54 so wollen wir nun Freundschaft miteinander schließen. Gib mir jetzt deine Tochter zur Gemahlin und laß mich dein Schwiegersohn werden; ich will alsdann dir und ihr Geschenke geben, die deiner würdig sind'.

55 Hierauf antwortete der König Ptolemäus also: 'Das war ein Glückstag, an dem du in das Land deiner Väter heimgekehrt bist und ihren Königsthron bestiegen hast!

56 So will ich nun auf das eingehen, was du in deinem Briefe vorschlägst. Komm mir also nach Ptolemais entgegen, damit wir zusammentreffen und ich mich mit dir verschwägere, wie du es wünschest'.

57 Ptolemäus verließ also Ägypten mit seiner Tochter Kleopatra und kam nach Ptolemais im Jahre 162.

58 Der König Alexander traf mit ihm zusammen, gab ihm seine Tochter Kleopatra zur Gemahlin und richtete ihre Hochzeit in Ptolemais mit großer Pracht aus, wie das bei Königen gewöhnlich der Fall ist.

59 Der König Alexander aber hatte an Jonathan geschrieben und ihn zu sich eingeladen.

60 So zog dieser denn in glänzendem Aufzuge nach Ptolemais und traf dort mit den beiden Königen zusammen. Er gab ihnen und ihren

Vertrauten Silber und Gold und viele Geschenke und gewann ihre Gunst.

61 Es taten sich zwar nichtswürdige Männer aus Israel, abtrünnige Menschen, gegen ihn zusammen, um Anklagen gegen ihn zu erheben; aber der König ließ sie unbeachtet;

62 er befahl sogar, dem Jonathan seine Gewänder abzunehmen und ihm ein Purpurgewand anzulegen, was dann auch geschah.

63 Hierauf ließ der König ihn neben sich Platz nehmen und gebot seinen obersten Beamten, mit ihm mitten in die Stadt zu gehen und laut bekannt zu machen, daß niemand wegen irgend einer Ursache eine Klage wider ihn vorbringen und niemand ihn aus irgend einem Grunde belästigen dürfe.

64 Als nun die, welche gegen ihn vorgehen wollten, die hohe Ehre sahen, die man ihm mit dieser öffentlichen Verkündung antat, und man ihn in Purpur gekleidet hatte, da ergriffen sie alle die Flucht.

65 Der König aber überhäufte ihn mit Ehren, ließ ihn in das Verzeichnis seiner ersten Freunde eintragen und ernannte ihn zum General und Mitfürsten.

66 So kehrte denn Jonathan wohlbehalten und hochbefriedigt nach Jerusalem zurück.

Jonatans Sieg über Apollonius

67 Im Jahre 165 aber kam Demetrius, der Sohn des Demetrius, aus Kreta in das Land seiner Väter.

68 Als der König Alexander dies erfuhr, erschrak er sehr und kehrte nach Antiochien zurück.

69 Demetrius ernannte nun den Apollonius, den Statthalter von Cölesyrien, zu seinem Heerführer; dieser brachte ein großes Heer zusammen und bezog ein Lager bei Jamnia; alsdann sandte er an den Hohenpriester Jonathan folgende Botschaft:

70 'Du ganz allein lehnst dich wider uns auf, und ich bin durch deine Schuld zum Gelächter und zum Spott geworden! Und mit welchem Recht maßest du dir Gewalt im Berglande an?

71 Nun wohlan, wenn du dich auf deine Streitkräfte verläßt, so komm zu uns in die Ebene herab, damit wir uns dort miteinander messen; denn auf meiner Seite steht die Macht der Städte.

72 Erkundige dich nur, so wirst du erfahren, wer ich bin und wer die anderen sind, meine Verbündeten; man wird dir schon sagen, daß es für euch unmöglich ist, vor uns standzuhalten; denn zweimal sind deine Väter in ihrem eigenen Lande von uns geschlagen worden.

73 So wirst du jetzt auch nicht imstande sein, es mit der Reiterei und einer so großen

Heeresmacht in der Ebene aufzunehmen, wo es keinen Stein und keinen Felsen, überhaupt keinen Zufluchtsort gibt'.

74 Als Jonathan diese Botschaft des Apollonius vernahm, wurde er in tiefster Seele entrüstet; er sammelte 10.000 Mann auserlesener Truppen und zog aus Jerusalem ab; sein Bruder Simon stieß dann noch zu ihm, um ihm Hilfe zu leisten.

75 Er lagerte sich vor Joppe, dessen Einwohner aber die Tore vor ihm schlossen, weil eine Besatzung des Apollonius in der Stadt lag. Als man dann aber die Stadt bestürmte,

76 gerieten die Stadtbewohner in Angst und öffneten die Tore, so daß Jonathan Joppe in seine Gewalt brachte.

77 Als Apollonius das vernahm, ließ er 3000 Reiter und eine starke Mannschaft von Fußvolk ins Feld rücken und marschierte auf Asotus, als wollte er dorthin ziehen, rückte aber gleichzeitig in die Ebene vor, weil er eine zahlreiche Reiterei besaß, auf die er sein Vertrauen gesetzt hatte.

78 Jonathan aber zog hinter ihm her auf Asotus zu, und so gerieten die beiden Heere in Kampf miteinander.

79 Apollonius hatte nun zwar 1000 Reiter hinter ihrem Rücken in einen Hinterhalt gelegt,

80 Jonathan aber hatte erfahren, daß ein Hinterhalt hinter ihm liege. Als die Feinde daher sein Heer umzingelten und seine Leute vom Morgen bis zum Spätnachmittage mit Pfeilen beschossen,

81 hielt seine Mannschaft unerschütterlich stand, wie Jonathan ihnen befohlen hatte, während die Reiterei der Feinde zuletzt ermattete.

82 Jetzt zog Simon seine Abteilung heran und griff das schwere Fußvolk an – die Reiterei war ja abgemattet; da wurden sie von ihm geschlagen und wandten sich zur Flucht;

83 auch die Reiterei zerstreute sich in der Ebene; die Flüchtlinge aber warfen sich in die Stadt Asotus und begaben sich in den dortigen Götzentempel Dagons, um sich zu retten.

84 Jonathan aber ließ die Stadt Asotus und die umliegenden Ortschaften in Flammen aufgehen, nachdem er sie hatte plündern lassen; auch den Dagontempel verbrannte er mit allen, die sich in ihn geflüchtet hatten.

85 Es belief sich aber die Zahl der durchs Schwert Gefallenen und der Verbrannten auf etwa 8000 Mann.

86 Von dort zog Jonathan weiter und lagerte sich vor Askalon; da kamen die Bewohner der Stadt zu ihm hinaus mit großen Ehrenbezeigungen.

87 Hierauf kehrte Jonathan mit seinen beutebeladenen Truppen nach Jerusalem zurück.

88 Als aber der König Alexander Kunde von allen diesen Begebenheiten erhielt, erwies er dem Jonathan noch größere Ehren.

89 Er übersandte ihm eine goldene Spange,

wie sie den Verwandten der Könige gegeben zu werden pflegt, und verlieh ihm das ganze Gebiet von Akkaron als persönliches Eigentum.

11. Kapitel

Demetrius II. wird König über Syrien

1 Der König von Ägypten aber brachte Truppenmassen zusammen so zahllos wie der Sand an der Meeresküste und viele Schiffe, in der Absicht, sich mit List des Reiches Alexanders zu bemächtigen und es zu seinem Reiche hinzuzufügen.

2 Er zog also in Syrien mit friedlichen Versicherungen ein, und die Einwohner der Städte öffneten ihm die Tore und kamen ihm mit Ehrenerweisungen entgegen, weil ein Befehl des Königs Alexander vorlag, man solle ihn ehrenvoll empfangen, weil er sein Schwiegervater war.

3 Wenn aber Ptolemäus in die Städte eingezogen war, legte er sofort seine Truppen als Besatzung in jede Stadt.

4 Als er nun in die Nähe von Asotus gekommen war, zeigte man ihm den verbrannten Dagontempel, sowie das in Trümmern liegende Asotus und die verwüsteten Orte der Umgegend, auch die umherliegenden Leichen und die Verbrannten, welche während des

Kampfes durch Feuer umgekommen waren; denn man hatte sie in Haufen an seinem Wege aufgeschichtet.

5 Auch berichteten sie dem Könige, was Jonathan getan habe; sie wollten ihn nämlich anschwärzen; doch der König schwieg dazu.

6 Jonathan aber ging dem Könige nach Joppe entgegen mit Ehrenbezeigungen; sie begrüßten einander und blieben dort über Nacht.

7 Sodann begleitete Jonathan den König bis an den Fluß Eleutherus und kehrte dann nach Jerusalem zurück.

8 So bemächtigte sich also der König Ptolemäus der Städte des Küstenlandes bis zu der Seestadt Seleucia und führte böse Pläne gegen Alexander im Schilde.

9 Er schickte nämlich Gesandte an den König Demetrius und ließ ihm sagen: 'Komm, wir wollen einen Bund miteinander schließen! Ich will dir meine Tochter, die Gemahlin Alexanders, zur Frau geben, und du sollst Herr deines väterlichen Reiches werden;

10 denn es reut mich, daß ich ihm meine Tochter gegeben habe, weil er mir nach dem Leben getrachtet hat'.

11 So verleumdete er ihn, weil ihn nach seinem Reiche gelüstete.

12 Er nahm ihm auch wirklich seine Tochter und gab sie dem Demetrius; er brach mit Alexander, so daß ihre Feindschaft offen zu Tage trat.

13 Ptolemäus zog nun in Antiochien ein und setzte sich die Krone von Asien aufs Haupt; er trug also zwei Kronen auf dem Haupte, die von Ägypten und die von Asien.

14 Der König Alexander befand sich während dieser Zeit in Cilicien, weil die dortige Bevölkerung sich gegen ihn empört hatte.

15 Als er nun Kunde von dem Vorgefallenen erhielt, zog er zum Kampfe gegen Ptolemäus ins Feld; dieser aber ging ihm mit überlegener Heeresmacht entgegen und schlug ihn in die Flucht.

16 Alexander floh nun nach Arabien, um sich dort in Sicherheit zu bringen. Da aber der König Ptolemäus die Oberhand behalten hatte,

17 ließ der Araber Sabdiel dem Alexander den Kopf abschlagen und schickte ihn dem Ptolemais zu.

18 Aber auch der König Ptolemäus starb schon drei Tage nachher, und seine Besatzungen, die in den Festungen lagen, wurden von der Einwohnerschaft der Festungen niedergemacht;

19 Demetrius aber wurde dann König im Jahre 167.

Steuerfreiheit für Judäa

20 Zu jener Zeit zog Jonathan seine Mannschaften aus Judäa zusammen, um sich der Burg in Jerusalem mit Gewalt zu bemächtigen,

und stellte viele Belagerungsmaschinen gegen sie auf.

21 Da machten sich einige abtrünnige Männer, die ihr Volk haßten, auf den Weg zum Könige Demetrius und meldeten ihm, daß Jonathan die Burg belagere.

22 Als der König das vernahm, geriet er in Zorn; er brach sofort auf und begab sich nach Ptolemais, von wo er dem Jonathan schriftlich befahl, die Belagerung aufzugeben und sich unverzüglich zu ihm nach Ptolemäus zum Zweck einer Besprechung zu verfügen.

23 Als Jonathan diesen Befehl erhalten hatte, gebot er, die Belagerung fortzusetzen, erwählte dann aber einige von den vornehmsten Israeliten und von den Priestern zu Begleitern und trat die lebensgefährliche Reise an.

24 Er nahm Silber, Gold, Prachtgewänder und andere Geschenke in großer Zahl mit sich, reiste zum Könige nach Ptolemais und gewann dort seine Gunst.

25 Zwar traten einige Abtrünnige aus dem jüdischen Volke als Ankläger gegen ihn auf,

26 aber der König behandelte ihn geradeso, wie seine Vorgänger getan hatten, und erhob ihn zu hohen Ehren in Gegenwart aller seiner Vertrauten.

27 Er bestätigte ihm das Hohepriestertum und alle sonstigen Ehrenämter, die er bis dahin innegehabt hatte, und ließ ihn in die Zahl seiner ersten Vertrauten aufnehmen.

28 Jonathan bat nun den König, Judäa und die drei samaritischen Bezirke steuerfrei zu machen, und versprach ihm dafür die Zahlung von 300 Talenten.

29 Der König willigte ein und ließ dem Jonathan über alle diese Angelegenheiten eine Urkunde ausfertigen, die folgenden Wortlaut hatte:

30 'König Demetrius entbietet seinem Bruder Jonathan und dem jüdischen Volke seinen Gruß.

31 Wir lassen euch anbei eine Abschrift des Briefes zugehen, den wir euretwegen an unsern Vetter Lasthenes geschrieben haben, damit ihr davon Kenntnis nehmt.

32 König Demetrius entbietet dem Vater Lasthenes seinen Gruß.

33 Wir haben beschlossen, unseren Freunden und getreuen Bundesgenossen, dem Volke der Juden, Gutes zu erweisen zum Dank für ihre gute Gesinnung gegen uns.

34 Wir überweisen ihnen also hiermit das Gebiet von Judäa und die drei Bezirke Apherema, Lydda und Ramathaim, die von Samarien abgetrennt und zu Judäa geschlagen sind, samt allem, was zu ihnen gehört. ... Allen, die in Jerusalem opfern, (erlassen wir) den Betrag der königlichen Gefälle, die der König früher alljährlich von ihnen eingezogen hat, (und zwar) von den Erzeugnissen des Bodens und der Fruchtbäume.

35 Ebenso erlassen wir ihnen von jetzt ab unsere übrigen Gerechtsame, nämlich die

Zehnten und Zölle, die uns zustehen, sowie die Salzlachen und die uns zustehenden Kronengelder: alles wollen wir ihnen erlassen,

36 und es soll nichts von alledem widerrufen werden von jetzt an für ewige Zeiten.

37 Tragt also Sorge dafür, eine Abschrift hiervon anfertigen zu lassen, die dem Jonathan zugestellt werden soll, damit sie auf dem heiligen Berge an einer geeigneten Stelle öffentlich ausgestellt werde'.

Tryphon unterstützt Antiochus VI.

38 Als nun der König Demetrius sah, daß in seinem Lande volle Ruhe herrschte und daß niemand ihm mehr Widerstand leistete, entließ er alle seine Truppen, einen jeden in seine Heimat, mit Ausnahme der fremden Truppen, die er von den Inseln der Heiden in Sold genommen hatte; infolgedessen wurden ihm alle (einheimischen) Truppen, die schon unter seinen Vätern gedient hatten, feindlich gesinnt.

39 Da war nun ein gewisser Tryphon, der früher zu der Partei Alexanders gehört hatte. Als der wahrnahm, daß alle Truppen gegen Demetrius murrten, begab er sich zu dem Araber Jamliku, der Antiochus, den kleinen Sohn Alexanders, zu erziehen hatte;

40 er machte diesem eindringliche Vorstellungen, daß er ihm den Knaben übergeben solle, damit dieser als König an die

Stelle seines Vaters trete. Zugleich teilte er ihm alles mit, was Demetrius verübt hatte, und wie verhaßt er sich bei seinen Truppen gemacht habe; er verweilte dort längere Zeit.

Jonatan erntet Undank

41 Nun schickte Jonathan Gesandte an den König Demetrius, um ihn zu veranlassen, die Besatzung aus der Burg in Jerusalem und die Truppen aus den anderen festen Plätzen zurückzuziehen, weil sie beständig Feindseligkeiten gegen Israel verübten.
42 Darauf ließ Demetrius dem Jonathan folgende Botschaft zugehen: 'Nicht nur dieses will ich dir und deinem Volke gewähren, sondern ich will dich und dein Volk auch sonst noch hoch ehren, wenn die Umstände es mir gestatten.
43 Jetzt aber wirst du mich zu Dank verpflichten, wenn du mir ein Hilfskorps sendest, weil alle meine eigenen Truppen von mir abgefallen sind'.
44 Da sandte Jonathan ihm (sofort) 3000 Mann Kerntruppen nach Antiochien, über deren Zuzug der König hocherfreut war.
45 Nun rotteten sich aber die Bewohner der Stadt mitten in der Stadt zusammen, wohl 120.000 Menschen, und wollten den König ermorden.
46 Dieser flüchtete sich in den Palast; aber die

Städter besetzten die Straßen der Stadt und fingen an zu stürmen.

47 Da rief der König die Juden zu Hilfe, und diese scharten sich allesamt um ihn und machten, nachdem die Empörer sich in der Stadt zerstreut hatten, an diesem Tage gegen 100.000 von ihnen nieder.

48 Dann steckten sie die Stadt in Brand, wobei sie auch reiche Beute machten; den König aber hatten sie an jenem Tage gerettet.

49 Denn als die Bewohner der Stadt sahen, daß die Juden die unbeschränkte Herrschaft in der Stadt hatten, verloren sie den Mut und schrieen flehentlich zum Könige:

50 'Gewähre uns Frieden, damit die Juden aufhören, uns und die Stadt als Feinde zu behandeln!'

51 Sie warfen also die Waffen weg und schlossen Frieden; die Juden aber galten nun viel beim Könige und bei allen Bewohnern seines Reiches; mit Beute reich beladen, kehrten sie nach Jerusalem zurück.

52 Als der König Demetrius jetzt aber wieder fest auf seinem Throne saß und sein Land ruhig zu seinen Füßen lag,

53 da hielt er nichts von allen Versprechungen, die er gemacht hatte; er wurde vielmehr dem Jonathan feind, und statt ihm die Beweise freundschaftlicher Gesinnung, die er ihm gegeben hatte, zu vergelten, bedrückte er ihn hart.

Jonatan kämpft gegen Demetrius II.

54 Hierauf kehrte Tryphon mit Antiochus, der noch ein ganz junger Knabe war, zurück, und dieser wurde zum König ausgerufen und setzte sich die Krone aufs Haupt.
55 Da sammelten sich alle die Truppen, die Demetrius entlassen hatte, um ihn und eröffneten den Krieg gegen Demetrius, der dann auch geschlagen wurde und die Flucht ergreifen mußte.
56 Tryphon aber bekam die Elefanten in seine Gewalt und bemächtigte sich Antiochiens.
57 An Jonathan aber ließ der junge Antiochus schriftlich folgende Botschaft ergehen: 'Ich bestätige dir das Hohepriestertum und mache dich zum Herrn über die vier Bezirke und nehme dich unter die Zahl der Vertrauten des Königs auf'.
58 Zugleich übersandte er ihm goldene Tafelgeräte und erlaubte ihm, aus goldenen Bechern zu trinken, sich in Purpur zu kleiden und eine goldene Spange zu tragen.
59 Seinen Bruder Simon aber bestellte er zum obersten Heerführer für das Gebiet von der Tyrischen Leiter bis zur ägyptischen Grenze.
60 Da machte Jonathan sich auf und durchzog das Land und die Städte diesseits des Euphratstroms, wo alle syrischen Streitkräfte als Hilfstruppen zu ihm stießen. Als er dann vor Askalon ankam, zogen ihm die Bewohner der

Stadt mit großen Ehrenbezeigungen entgegen.

61 Von dort marschierte er nach Gaza, dessen Bewohner ihm jedoch die Tore verschlossen. Da belagerte er die Stadt, verbrannte und plünderte die Ortschaften der Umgebung.

62 Nun baten die Bewohner von Gaza um Frieden, den Jonathan ihnen auch gewährte; er ließ sich die Söhne ihrer Vornehmsten als Geiseln geben und schickte sie nach Jerusalem; dann durchzog er das Land bis Damaskus.

63 Als aber Jonathan dort vernahm, daß die Heerführer des Demetrius mit großer Heeresmacht zu Kedes in Galiläa ständen, um seinem ganzen Unternehmen ein Ende zu machen,

64 zog er zum Kampfe gegen sie; seinen Bruder Simon aber hatte er im Lande (Judäa) zurückgelassen.

65 Dieser belagerte nun Bethsura mit seinen Truppen, bestürmte es längere Zeit und hielt es eingeschlossen.

66 Da baten die Belagerten ihn um ein friedliches Abkommen, das er ihnen auch bewilligte; er ließ sie von dort abziehen, nahm dann die Stadt in Besitz und legte eine Besatzung hinein.

67 Jonathan aber lagerte sich mit seinem Heere am See Gennesar und machte sich früh am Morgen auf nach der Ebene von Asor.

68 Da kam ihnen plötzlich ein Heer von Heiden in der Ebene entgegen, während sie zugleich

einen Hinterhalt gegen ihn ins Gebirge gelegt hatten; sie selbst aber zogen ihm geradeswegs entgegen.

69 Als nun die Mannschaften des Hinterhalts plötzlich aus ihrem Versteck hervorbrachen und einen Angriff machten, ergriffen die Leute Jonathans allesamt die Flucht,

70 nicht ein einziger von ihnen hielt stand außer Mattathias, dem Sohne Absaloms, und Judas, dem Sohne Chalphi's, zwei Hauptleuten.

71 Da zerriß Jonathan seine Kleider, streute Erde auf sein Haupt und betete;

72 sodann wandte er sich zum Kampfe gegen sie und schlug sie, so daß sie flohen.

73 Als das die Leute sahen, die von ihm geflohen waren, kehrten sie zu ihm zurück und verfolgten die Fliehenden gemeinsam mit ihm bis Kedes bis vor deren Lager, wo sie Halt machten.

74 Es waren aber an diesem Tage von den Heiden gegen 3000 Mann gefallen. Jonathan kehrte hierauf nach Jerusalem zurück.

12. Kapitel

Jonatan erneuert das Bündnis mit Rom und Sparta

1 Da Jonathan nun sah, daß die damaligen Verhältnisse ihm günstig waren, erwählte er Männer und sandte sie nach Rom, um den

Freundschaftsbund mit ihnen zu befestigen und zu erneuern.

2 Auch an die Spartaner und an andere Orte sandte er Briefe gleichen Inhalts.

3 In Rom angekommen, traten jene vor die Ratsversammlung und sagten: 'Der Hohepriester Jonathan und das Volk der Juden haben uns hergesandt, um den Freundschaftsbund mit ihnen und die Bundesgenossenschaft unter den früheren Bedingungen zu erneuern'.

4 Da gab man ihnen Briefe an die Behörden allerorten, daß man ihnen sicheres Geleit gäbe zur Rückkehr nach Judäa.

5 Und dies ist die Abschrift des Schreibens, das Jonathan an die Spartaner gerichtet hatte:

6 'Jonathan, der Hohepriester des Volkes, und die Ältestenschaft nebst den Priestern und dem übrigen Volk der Juden entbieten ihren Brüdern, den Spartanern, ihren Gruß.

7 Schon früher ist ein Schreiben von eurem Könige Arius an den Hohenpriester Onias gesandt worden, welches besagt, daß ihr unsere Brüder seid; eine Abschrift davon liegt hier bei.

8 Onias hat damals den von euch abgesandten Mann ehrenvoll empfangen und den Brief entgegengenommen, in welchem ausdrücklich von einer Bundesgenossenschaft und Freundschaft die Rede war.

9 Wir nun – obschon wir auf diese Bündnisse nicht unbedingt angewiesen sind, da wir an den

heiligen Schriften, die wir in Händen haben, einen Trost besitzen –

10 haben es dennoch unternommen, eine Gesandtschaft an euch zu schicken, um die Verbrüderung und Freundschaft mit euch zu erneuern, damit wir euch nicht entfremdet werden; denn seit jener eurer Botschaft an uns ist eine lange Zeit verstrichen.

11 Was nun uns betrifft, so halten wir zu jeder Zeit unablässig bei Gelegenheit unserer Feste und der übrigen geeigneten Tage, bei den Opfern, die wir darbringen, und in unseren Gebeten die Erinnerungen an euch fest, wie es denn recht und geziemend ist, der Brüder zu gedenken.

12 Wir freuen uns aber eures Ruhmes.

13 Uns freilich haben viele Trübsale und viele Kriege von allen Seiten her betroffen, da alle Könige rings um uns her uns angegriffen haben.

14 Wir haben jedoch um dieser Kriege willen weder euch noch unseren übrigen Bundesgenossen und Freunden beschwerlich fallen wollen;

15 denn wir erfreuen uns der Hilfe, die vom Himmel her sich für uns betätigt, so daß wir von unseren Feinden errettet und diese gedemütigt worden sind.

16 Nunmehr aber haben wir Numenius, den Sohn des Antiochus, und Antipater, den Sohn Jasons, erwählt und sie zu den Römern gesandt, um die frühere Freundschaft und

Bundesgenossenschaft mit ihnen zu erneuern.
17 Zugleich haben wir sie beauftragt, sich auch zu euch zu begeben, euch zu begrüßen und euch unser Schreiben an euch in betreff der Erneuerung unserer Brüderschaft zu überreichen.
18 Und nun werdet ihr uns zu Dank verpflichten, wenn ihr uns eine Antwort darauf erteilt'.
19 Folgendes ist die Abschrift des Briefes, den die Spartaner (einstmals) an Onias gerichtet hatten:
20 'Arius, der König der Spartaner, entbietet dem Hohenpriester Onias seinen Gruß.
21 Es hat sich in einer die Spartaner und Juden betreffenden Urkunde die Angabe gefunden, daß sie Brüder sind und von Abraham abstammen.
22 Da wir dieses nun erfahren haben, werdet ihr uns zu Dank verpflichten, wenn ihr uns berichtet, wie es euch ergeht;
23 wir aber werden euch wieder schreiben. Euer Vieh und eure Habe gehört uns, und unser Besitz gehört euch. So beauftragen wir also (die Sendboten), euch demgemäß zu berichten'.

Jonatan verteidigt die Grenzen Judäas

24 Als nun Jonathan erfahren hatte, daß die Heerführer des Demetrius zum Kampfe gegen ihn mit einer noch weit größeren Kriegsmacht

als vorher herangezogen kämen,

25 brach er von Jerusalem auf und zog ihnen entgegen ins Gebiet von Hamath, weil er ihnen nicht Zeit lassen wollte, in sein eigenes Land einzurücken.

26 Er schickte dann Kundschafter in ihr Lager, die ihm bei ihrer Rückkehr meldeten, daß jene sich dazu anschickten, ihn in der Nacht zu überfallen.

27 Bei Sonnenuntergang befahl nun Jonathan seinen Leuten, wach und unter den Waffen zu bleiben und die ganze Nacht hindurch kampfbereit zu sein. Zugleich stellte er Wachtposten um das ganze Lager auf.

28 Als nun die Feinde hörten, daß Jonathan und seine Leute kampfbereit seien, gerieten sie in Furcht und wurden mutlos; sie zündeten also Wachtfeuer in ihrem Lager an und zogen ab.

29 Jonathan und seine Leute merkten bis zum Morgen nichts davon, weil sie die Wachtfeuer brennen sahen.

30 Jonathan unternahm dann zwar ihre Verfolgung, konnte sie aber nicht mehr einholen; denn sie hatten bereits den Fluß Eleutherus überschritten.

31 Jonathan wandte sich darauf gegen den arabischen Stamm der Zabadäer, die er schlug und denen er Beute abnahm.

32 Sodann brach er wieder auf, kam nach Damaskus und durchzog die ganze Landschaft.

33 Auch Simon war ins Feld gerückt und hatte

das Land bis nach Askalon und den benachbarten festen Plätzen durchzogen; dann wandte er sich gegen Joppe und bemächtigte sich der Stadt in aller Eile;

34 denn er hatte vernommen, daß man beabsichtigte, die Festung den Anhängern des Demetrius zu übergeben. Er legte daher eine Besatzung hinein, um ihren Besitz zu sichern.

35 Nach seiner Rückkehr aber berief Jonathan die Ältesten des Volkes zu einer Versammlung und beschloß mit ihnen die Erbauung von Festungen in Judäa

36 und die Erhöhung der Mauern Jerusalems und die Aufführung einer hohen Mauer zwischen der Burg und der Stadt, um die Burg von der Stadt zu trennen, damit sie ganz abgesperrt würde, so daß kein Kaufen und Verkaufen mehr stattfinden könnte.

37 So versammelte man sich denn zur Ausführung der Bauten in der Stadt; ein Teil der Mauer am Kidronbache auf der Ostseite war eingestürzt; und man stellte auch das sogenannte Chaphenata wieder her.

38 Simon aber befestigte Adida in der Niederung und versah es mit starken Toren und Riegeln.

Tryphon nimmt Jonatan gefangen

39 Tryphon aber trachtete danach, sich zum Könige von Asien zu machen und sich die Krone

aufs Haupt zu setzen, nachdem er sich des (jungen) Königs Antiochus entledigt hätte.

40 Da er aber zu fürchten hatte, Jonathan würde ihm dazu nicht freie Hand lasen und könnte ihn angreifen, so suchte er Mittel und Wege, sich seiner Person zu bemächtigen und ihn ums Leben zu bringen. So brach er denn auf und zog nach Bethsan.

41 Jonathan aber zog ihm entgegen mit 40.000 für den Kampf auserlesenen Kriegern und kam auch nach Bethsan.

42 Als nun Tryphon sah, daß er mit einer großen Heeresmacht an Ort und Stelle sei, wagte er es nicht, Hand an ihn zu legen;

43 er empfing ihn vielmehr mit Ehren, empfahl ihn allen seinen Freunden, gab ihm Geschenke und befahl seinen Truppen, ihm ebenso zu gehorchen wie ihm selbst.

44 Weiter sagte er zu Jonathan: 'Warum hast du alle diese Krieger bemüht, da doch gar kein Krieg zwischen uns besteht?

45 Entlaß sie nun doch in ihre Heimat; wähle dir eine kleine Zahl zu deiner Begleitung aus und komm mit mir nach Ptolemais; ich will dir dann die Stadt nebst den übrigen Festungen und den Streitkräften, die dort noch stehen, und alle Beamten überweisen und mich dann auf den Rückweg begeben; denn nur zu diesem Zweck bin ich hergekommen'.

46 Jonathan schenkte ihm Glauben und folgte seiner Aufforderung: er entließ seine Truppen,

die ins Land Juda heimkehrten.

47 Nur 3000 Mann behielt er bei sich, von denen er noch 2000 in Galiläa zurückließ; nur 1000 begleiteten ihn.

48 Als aber Jonathan in Ptolemais eingezogen war, schlossen die Bewohner der Stadt die Tore, bemächtigten sich seiner Person und machten alle, die mit ihm in die Stadt gekommen waren, mit dem Schwerte nieder.

49 Hierauf entsandte Tryphon Fußtruppen und Reiterei nach Galiläa und in die große Ebene Jesreel, um alle Mannschaften, die Jonathan dort zurückgelassen hatte, zu vernichten.

50 Diese hatten jedoch Kunde von der Gefangennahme und Ermordung Jonathans und der ihn begleitenden Mannschaft erhalten; sie sprachen daher einander Mut zu und marschierten in fester Kriegsordnung kampfbereit einher.

51 Als nun die zu ihrer Verfolgung Ausgesandten erkannten, daß ihnen ein Kampf auf Leben und Tod bevorstehe, machten sie Kehrt.

52 So gelangten jene allesamt glücklich ins jüdische Land und betrauerten Jonathan und seine Begleiter und waren voller Besorgnis, auch ganz Israel stellte eine große Totenklage an.

53 Alle Heiden aber ringsum gingen darauf aus, sie völlig zu vernichten; sie dachten nämlich:

54 'Sie haben keinen Führer mehr und nirgends

einen Helfer! Wir wollen sie also jetzt angreifen und ihr Gedächtnis unter den Menschen austilgen!'

IV. Vierter Teil:
Die Taten des Hohenpriesterfürsten Simon

Kapitel 13

1 Als nun Simon erfuhr, daß Tryphon eine große Streitmacht zusammenziehe, um ins jüdische Land einzufallen und es völlig zu vernichten,

2 und wahrnahm, daß das Volk vor Angst zitterte und zagte, ging er nach Jerusalem hinauf, berief das Volk zu einer Versammlung

3 und richtete folgende ermutigende Ansprache an sie: 'Ihr wißt selbst alles, was ich und meine Brüder und mein ganzes väterliches Haus für unsere Gesetze und das Heiligtum getan und welche Kriege und Drangsale wir durchgemacht haben.

4 Darum sind alle meine Brüder für Israel umgekommen; ich allein bin noch übrig geblieben.

5 Nun aber denke ich gar nicht daran, mein Leben in irgend einer Zeit der Leiden zu

schonen; denn ich bin nicht besser als meine Brüder.

6 Nein, Rache will ich für mein Volk und das Heiligtum und für unsere Weiber und Kinder nehmen, weil sich alle Heiden, von Haß getrieben, zu unserer Vernichtung zusammengerottet haben'.

7 Als das Volk diese Worte vernahm, lebte der Mut in ihnen wieder auf,

8 und sie riefen ihm laut die Worte zu: 'Du sollst unser Führer an Stelle deiner Brüder Judas und Jonathan sein!

9 Führe du uns im Kriege an! Alles, was du befiehlst, wollen wir tun!'

10 Drauf hob er alle waffenfähigen Männer aus, beschleunigte die Vollendung des Mauerbaues in Jerusalem und befestigte die Stadt ringsum.

11 Außerdem schickte er Jonathan, den Sohn Absaloms, mit genügender Mannschaft nach Joppe; der zwang die Einwohner der Stadt zur Auswanderung und hielt die Stadt dauernd besetzt.

Tryphons Feldzug gegen Jerusalem

12 Tryphon aber brach dann mit einem großen Heere von Ptolemais auf, um in Judäa einzufallen, und führte dabei Jonathan gefangen mit sich.

13 Simon aber bezog ein Lager bei Adida angesichts der Ebene.

14 Als nun Tryphon erfuhr, daß Simon an die

Stelle seines Bruders Jonathan getreten sei und den Kampf mit ihm aufnehmen wolle, schickte er Gesandte an ihn und ließ ihm sagen:

15 'Wegen des Geldes, das dein Bruder Jonathan dem königlichen Schatze für die Ämter, die er bekleidete, schuldig geblieben ist, halten wir ihn gefangen.

16 So schicke mir also 100 Talente Silbers und zwei von seinen Söhnen als Geiseln, damit er nicht nach erlangter Freiheit von uns abfalle – so wollen wir ihn freilassen'.

17 Simon erkannte nun wohl, daß jene Lug und Trug zu ihm redeten, sandte aber doch das Geld und die Knaben hin, um sich nicht die bittere Feindschaft des Volkes zuzuziehen,

18 wenn man sagen könnte, wegen Nichtübersendung des Geldes und der Knaben sei Jonathan ums Leben gekommen.

19 Er sandte also die Knaben und die 100 Talente hin, aber Tryphon betrog ihn und ließ Jonathan nicht frei.

20 Hierauf zog Tryphon heran, um in das Land einzurücken und es zu verheeren, und machte den Umweg in der Richtung nach Adora; Simon aber zog mit seinem Heere ihm zur Seite an jeden Ort, wohin jener marschierte.

21 Nun schickten die Leute der Besatzung (in Jerusalem) Boten an Tryphon, die ihn auffordern sollten, schleunigst durch die Wüste zu ihnen zu kommen und ihnen Lebensmittel zuzuführen.

22 Tryphon machte auch wirklich seine ganze

Reiterei zu dem Zuge bereit; aber in der nächsten Nacht fiel so gewaltig viel Schnee, daß er wegen des Schnees den Zug nicht unternehmen konnte; er brach vielmehr auf und zog in die Landschaft Gilead.

23 Als er dann in die Nähe von Baskama gekommen war, ließ er Jonathan hinrichten; er wurde dort auch begraben.

24 Tryphon aber kehrte um und begab sich nach Hause.

25 Simon aber sandte hin und ließ die Gebeine seines Bruders Jonathan holen; er bestattete ihn dann in Modein, der Stadt seiner Väter.

26 Ganz Israel hielt ein großes Klagefest um ihn ab und betrauerte ihn viele Tage lang.

27 Simon ließ dann über dem Grabe seines Vaters und seiner Brüder ein hohes, weithin sichtbares Bauwerk aufführen aus glattbehauenen Steinen an der Vorder- und Hinterseite.

28 Er stellte sieben Pyramiden oben darauf, je eine gegenüber der andern, für seinen Vater und seine Mutter und seine vier Brüder.

29 An diesen (Pyramiden) aber ließ er Kunstwerke anbringen, indem er ringsum große Säulen aufstellte, an denen er Waffenrüstungen zu ewigem Gedächtnis anbrachte; und neben den Waffenrüstungen waren Schiffe eingemeißelt, damit sie allen Seefahrern sichtbar wären.

30 Dies ist das Grabdenkmal, das er in Modein

erbauen ließ; es steht dort bis auf den heutigen Tag.

31 Tryphon aber verfuhr hinterlistig mit dem jungen König Antiochus und ließ ihn töten;

32 er machte sich dann selbst zum König, setzte sich die Krone von Asien aufs Haupt und richtete großes Unheil im Lande an.

Judäa wird unabhängig

33 Simon aber baute die Festungen in Judäa neu aus, umgab sie ringsum mit hohen Türmen und starken Mauern, mit Toren und Riegeln und schaffte Mundvorrat in die festen Plätze.

34 Hierauf erwählte Simon Männer und sandte sie zum Könige Demetrius, um Erlaß (der Abgaben und verhängten Strafen) für das Land zu erwirken; denn alle Handlungen Tryphons hatten in Räubereien bestanden.

35 Der König Demetrius ging auf diese Bitten ein und sandte ihm als Antwort folgendes Schreiben:

36 'König Demetrius entbietet dem Hohenpriester Simon, dem Freunde des Königshauses, sowie den Ältesten und dem ganzen Volke der Juden seinen Gruß.

37 Die goldene Krone und den Palmzweig, den ihr uns gesandt habt, haben wir erhalten und sind bereit, euch vollen Frieden zu gewähren und unseren Beamten zu schreiben, daß sie euch Erlaß der Abgaben gewähren;

38 und alles, was wir in bezug auf euch festgesetzt haben, bleibt fest bestehen, und die Festungen, die ihr erbaut habt, sollen euch gehören.

39 Wir gewähren euch Verzeihung für die Verfehlungen und Übertretungen bis auf den heutigen Tag, verzichten auch auf die Kronenabgabe, die ihr zu zahlen verpflichtet ward; und wenn sonst noch eine Abgabe in Jerusalem entrichtet wurde, soll sie von nun an in Wegfall kommen.

40 Und wenn einige von euch zur Aufnahme in unsere Leibwache tauglich sind, sollen sie aufgenommen werden, und es soll Friede zwischen uns bestehen'.

41 So wurde im Jahre 170 das Joch der Heiden den Israeliten abgenommen,

42 und das Volk Israel begann, in den Urkunden und Verträgen zu schreiben: 'Im ersten Jahre Simons, des großen Hohenpriesters und Feldherrn und Fürsten der Juden'.

43 Zu jener Zeit begann Simon die Belagerung von Gasera und schloß es ringsum mit Truppen ein; er erbaute eine gewaltige Sturmmaschine und brachte sie nahe an die Stadt heran, zertrümmerte damit einen Turm und nahm ihn ein.

44 Als dann die Mannschaften, die sich in dem Belagerungsturm befanden, in die Stadt hineinsprangen, entstand eine große Bestürzung in der Stadt;

45 die Einwohner stiegen mit ihren Frauen und Kindern in zerrissenen Kleidern auf die Mauer, schrieen laut und baten Simon, ihnen Frieden zu gewähren,

46 indem sie ausriefen: 'Verfahre nicht mit uns nach unseren Missetaten, sondern nach deiner Barmherzigkeit!'

47 Simon erwies sich auch versöhnlich gegen sie und setzte die Feindseligkeiten gegen sie nicht fort; doch zwang er sie, die Stadt zu verlassen, reinigte die Häuser, in denen sich die Götzenbilder befanden, und zog dann unter Lobgesängen und Dankliedern in die Stadt ein.

48 Alles Unreine entfernte er aus ihr und siedelte Leute in ihr an, die das Gesetz beobachteten; auch befestigte er sie noch stärker und baute auch für sich selbst eine Wohnung darin.

49 Unterdessen waren die Mannschaften in der Burg zu Jerusalem an jedem Verkehr mit der Außenwelt und an allem Kaufen und Verkaufen gehindert; sie litten daher argen Mangel an Lebensmitteln, so daß viele von ihnen Hungers starben.

50 Schließlich schrieen sie zu Simon um Gnade, die er ihnen auch gewährte; er ließ sie von dort abziehen und reinigte dann die Burg von den heidnischen Gräueln.

51 Er hielt hierauf seinen Einzug in die Burg am 23. Tage des zweiten Monats im Jahre 171 mit Lobgesängen und Palmzweigen und unter dem

Klänge von Zithern, Zimpeln, Harfen und mit Psalmen und Gesängen, weil ein schlimmer Feind aus Israel beseitigt war;

52 und er ordnete an, daß dieser Tag alljährlich als Freudentag gefeiert werden solle. Den Tempelberg aber neben der Burg befestigte er noch stärker und wohnte daselbst mit seinen Angehörigen.

53 Und da Simon sah, daß sein Sohn Johannes sich zu einem (tüchtigen) Manne entwickelt hatte, ernannte er ihn zum Befehlshaber aller Streitkräfte und nahm dann seinen Wohnsitz in Gasera.

Kapitel 14

Demetrius II. Nikator gerät in Gefangenschaft

1 Im Jahre 172 sammelte der König Demetrius seine Streitkräfte und zog nach Medien, um Verstärkungen zum Kriege gegen Tryphon an sich zu ziehen.

2 Als nun Arsakes, der König von Persien und Medien, vernahm, daß Demetrius in sein Gebet eingedrungen sei, schickte er einen seiner Heerführer ab, um ihn lebendig gefangen zu nehmen.

3 Dieser zog ins Feld, besiegte das Heer des Demetrius, nahm ihn gefangen und brachte ihn zu Arsakes, der ihn ins Gefängnis werfen ließ.

Loblied auf Simon

4 Das Land Juda aber erfreute sich der Ruhe, solange Simon lebte. Er war darauf bedacht, das Wohl seines Volkes zu fördern, und dieses war mit seiner Regierung wohlzufrieden und hatte allezeit Wohlgefallen an seinem Ruhme.
5 Und zu all seinem Ruhme hinzu kam noch die Einnahme von Joppe, das er als Hafenort gewonnen hatte und zu einem Einfuhrplatze für die Inseln (und Küstenländer) des Mittelmeeres machte.
6 Er erweiterte seinem Volke, die Grenzen des Gebiets und war Herr im Lande;
7 er brachte viele aus der Gefangenschaft zurück und nahm Gasera, Bethsura und die Burg ein und beseitigte in ihnen alle heidnische Unreinigkeit, und niemand leistete ihm Widerstand.
8 Sie konnten ihr Land in Frieden bebauen; das Land gab seinen Ertrag und die Bäume auf den Feldern ihre Früchte.
9 Die Greise saßen auf den Straßen, besprachen alle das Wohl der Gemeinde, und die jungen Männer bekleideten sich mit dem Ehrenschmuck des Waffenrocks.
10 Die Städte versorgte er mit Lebensmitteln und rüstete sie aus mit Festungswerken, so daß sein Ruhm erscholl bis ans Ende der Erde.
11 Er schaffte sicheren Frieden im Lande, daß Israel hoher Freude sich hingeben konnte;

12 ein jeder saß unter seinem Weinstock und Feigenbaum, ohne daß jemand ihn aus seiner Ruhe aufschreckte.
13 Auf der Erde gab es keinen mehr, der sie bekriegte, und die Könige waren in jener Zeit gedemütigt.
14 Er half allen Elenden in seinem Volke auf; über dem Gesetz wachte er mit Eifer und vertilgte alle Gottlosen und Abtrünnigen;
15 das Heiligtum schmückte er herrlich aus und vermehrte die heiligen Geräte reichlich.

Simon bekräftigt die Verträge mit Rom und Sparta

16 Als man nun zu Rom und bis Sparta hin Kunde vom Tode Jonathans erhielt, wurden alle tief betrübt;
17 als man aber erfuhr, daß sein Bruder Simon als Hoherpriester an seine Stelle getreten sei und die Regierung im Lande und in den Städten darin führe,
18 schrieben sie auf ehernen Tafeln an ihn, um die Freundschaft und Bundesgenossenschaft zu erneuern, die sie mit seinen Brüdern Judas und Jonathan geschlossen hatten.
19 Das betreffende Schreiben kam in der Gemeindeversammlung zu Jerusalem zur Verlesung;
20 und dies ist die Abschrift des Schreibens, das die Spartaner sandten: 'Die Obersten und die Hauptstadt der Spartaner entbieten dem

Hohenpriester Simon, sowie den Ältesten und Priestern und dem übrigen Volke der Juden, ihren Brüdern, ihren Gruß.

21 Die Gesandten, die von euch an unser Volk geschickt worden sind, haben uns Mitteilung von eurem Ruhm und eurer Ehre gemacht, und wir haben uns über ihr Kommen gefreut

22 und haben das von ihnen Berichtete in die Volksbeschlüsse folgendermaßen eingetragen: 'Numenius, der Sohn des Antiochus, und Antipater, der Sohn des Jason, sind als Gesandte der Juden zu uns gekommen, um den mit uns geschlossenen Freundschaftsbund zu erneuern.

23 Das Volk beschloß, diese Männer ehrenvoll zu empfangen und eine Abschrift ihrer Botschaft unter den Staatsurkunden des Volkes niederzulegen, damit das Volk der Spartaner ein Andenken habe. Eine Abschrift dieses Beschlusses aber haben wir dem Hohenpriester Simon ausgefertigt'.

24 Später sandte Simon den Numenius mit einem großen goldenen Schild im Gewicht von 1000 Minen nach Rom, um die Bundesgenossenschaft mit ihnen zu befestigen.

Simon wird Hoherpriester

25 Als nun das (jüdische) Volk dies alles erfuhr, sagte man: 'Welchen Dank sollen wir Simon und seinen Söhnen erstatten?

26 Denn er und seine Brüder und sein ganzes

väterliches Haus haben feste Tatkraft bewiesen: sie haben die Feinde Israels mit den Waffen in der Hand abgewehrt und unserm Volke die Freiheit errungen'.

27 So brachten sie denn eine Inschrift auf ehernen Tafeln an und hängten diese an Säulen auf dem Zionsberge auf. Und dies ist der Wortlaut der Inschrift: Am 18. Elul des Jahres 172 – das ist das dritte Jahr – unter dem Hohenpriester Simon, dem Fürsten des Volkes Gottes,

28 ist uns in einer großen Versammlung der Priester und des Volkes, der Obersten des Volkes und der Ältesten des Landes Folgendes kundgetan worden:

29 Da oft Kriege stattfanden, haben Simon, der Sohn des Mattathias, aus der Familie Joarib, und seine Brüder ihr Leben aufs Spiel gesetzt und den Feinden ihres Volkes Widerstand geleistet, damit ihr Heiligtum und das Gesetz erhalten bliebe, und haben ihrem Volke hohen Ruhm verschafft.

30 Denn als Jonathan ihr Volk geeinigt hatte und ihr Hoherpriester geworden und zu seinen Vätern versammelt worden war

31 und ihre Feinde beschlossen hatten, in ihr Land einzudringen, um es zu verheeren und Hand an ihr Heiligtum zu legen,

32 da trat Simon auf und kämpfte für sein Volk. Er opferte einen großen Teil seines eigenen Vermögens, um die Mannschaften im Heere

seines Volkes zu bewaffnen und ihnen Sold zu geben.

33 Er befestigte die Städte Judäas und Bethsura an der Grenze Judäas, das vordem ein Waffenplatz der Feinde gewesen war, und legte jüdische Krieger als Besatzung hinein.

34 Auch die Seestadt Joppe befestigte er, sowie Gasara an der Grenze des Gebietes von Asdod, wo die Feinde vorher sich festgesetzt hatten; er siedelte dort Juden an und versah diese Städte mit allem, was zu ihrer Instandhaltung erforderlich war.

35 Da nun das Volk die Treue Simons erkannte, sowie den Ruhm, den er seinem Volke zu verschaffen suchte, ernannte es ihn zu seinem Oberhaupt und Hohenpriester, weil er alles dieses vollführt hatte, und wegen der Gerechtigkeit und Treue, die er seinem Volke unverbrüchlich bewahrte, und weil er das Wohl seines Volkes auf jede Weise zu fördern gesucht hatte.

36 Solange er am Leben war, gelang es durch sein Wirken, daß die Heiden aus dem jüdischen Lande entfernt wurden, und ebenso die Heiden in der Davidstadt zu Jerusalem, die sich dort eine feste Burg errichtet hatten, aus der sie hervorbrachen und die Heiligkeit der ganzen Umgebung des Tempels entweihten und an der geweihten Stätte schlimmes Unheil anrichteten.

37 Er legte jüdische Krieger hinein und befestigte die Burg zur Sicherung des Landes

und der Hauptstadt und erhöhte die Mauern Jerusalems.

38 Der König Demetrius bestätigte ihm demgemäß seine Hohepriesterwürde,

39 nahm ihn in die Zahl seiner Vertrauten auf und erwies ihm hohe Ehren;

40 denn er hatte vernommen, daß die Juden von den Römern den Ehrennamen Freunde, Bundesgenossen und Brüder erhalten und daß man (in Rom) die Gesandten Simons ehrenvoll empfangen hatte.

41 So haben denn die Juden und ihre Priester beschlossen, daß Simon ihr Oberhaupt und Hoherpriester für immer sein soll, bis ein glaubwürdiger Prophet erstehen würde,

42 und daß er auch ihr Feldhauptmann sein (und ihm die Sorge für das Heiligtum obliegen) soll, damit er Beamte bestelle für die öffentlichen Arbeiten und für die Verwaltung des Landes, für die Waffen und die Festungen;

43 und daß ihm die Sorge für das Heiligtum obliegen und ihm Gehorsam von allen geleistet werden soll; daß ferner in seinem Namen alle Erlasse im Lande ausgefertigt werden und er sich in Purpur kleiden und Goldschmuck tragen soll.

44 Auch soll es niemandem von dem Volk und von den Priestern gestattet sein, eine von diesen Bestimmungen aufzuheben und seinen Anordnungen zu widersprechen und ohne seine Erlaubnis eine Volksversammlung im Lande zu

veranstalten und sich in Purpur zu kleiden oder eine Goldspange als Schmuck zu tragen.

45 Wer sich aber gegen diese Bestimmungen vergeht oder eine von ihnen aufhebt, der soll straffällig sein'.

46 Das ganze Volk beschloß also, zu Gunsten Simons zu verfügen, daß nach diesen Bestimmungen verfahren werden solle;

47 Simon aber willigte ein und erklärte sich bereit, Hoherpriester und Feldhauptmann und Volksfürst der Juden und der Priester zu sein und dem Ganzen vorzustehen.

48 Sodann bestimmte man, diese Verfügung solle auf ehernen Tafeln angebracht und diese im Vorhofe des Heiligtums an einem weithin sichtbaren Orte aufgestellt werden.

49 Eine Abschrift davon aber ließ man in der Schatzkammer niederlegen, damit sie dem Simon und seinen Söhnen zur Verfügung stände.

15. Kapitel

*Das Bündnis
zwischen Simon und Antiochus VII. Sidetes*

1 Hierauf sandte Antiochus, der Sohn des Königs Demetrius, ein Schreiben von den Inseln des Mittelmeeres aus an Simon, den Priester und Volksfürsten der Juden, und an das ganze Volk.

2 Das Schreiben hatte folgenden Wortlaut: 'König Antiochus entbietet dem Hohenpriester und Volksfürsten Simon und dem Volke der Juden seinen Gruß.

3 Da nichtswürdige Menschen das Reich unserer Väter im Besitz genommen haben, ich aber willens bin, es wiederzugewinnen, um die früheren Verhältnisse darin wiederherzustellen, ich auch ein großes Heer angeworben und Kriegsschiffe ausgerüstet habe

4 und entschlossen bin, dort zu landen und das Land zu durchziehen, um die Verderber unseres Landes und die Verwüster zahlreicher Städte im Reiche zu bestrafen:

5 so bestätigte ich dir nun alle Erlasse an Abgaben, die dir die Könige, meine Vorgänger, gewährt und was sie dir sonst noch an Geschenken nachgelassen haben.

6 Weiter gestatte ich dir, eigene Münzen für dein Land prägen zu lassen;

7 Jerusalem aber und das Heiligtum sollen frei sein, und alle Waffen, die du beschafft hast, und die von dir erbauten Festungen, die du innehast, sollen dir verbleiben;

8 und alle Verpflichtungen gegen die königliche Kasse, auch was du in Zukunft der Krone schuldig bleiben wirst, soll dir von jetzt an und für immer erlassen sein.

9 Sobald wir aber in den Besitz unseres Reiches gekommen sind, wollen wir dich und dein Volk und den Tempel mit hohen Ehren bedenken, so

daß euer Ruhm auf der ganzen Erde bekannt werden soll'.

10 Im Jahre 174 zog Antiochus in das Land seiner Väter ein, und alle Truppen fielen ihm zu, so daß nur wenige dem Tryphon treu verblieben.

11 Vom Könige Antiochus verfolgt, gelangte Tryphon auf der Flucht nach der Seestadt Dora;

12 denn er erkannte wohl, daß seine Lage sich überaus gefahrvoll gestaltet hatte, da die Truppen ihm untreu geworden waren.

13 Antiochus belagerte nun Dora mit einem Heere von 120.000 Mann zu Fuß und 8000 Reitern.

14 Er schloß die Stadt ringsum ein, während die Schiffe von der Seeseite her tätig waren, und so bedrängte er die Stadt zu Lande und zu Wasser und ließ niemand mehr aus- und eingehen.

Der römische Schutzbrief für die Juden

15 Nun kam Numenius mit seinen Begleitern aus Rom zurück mit Schreiben an die Könige und Länder folgenden Inhalts:

16 'Der römische Konsul Lucius entbietet dem König Ptolemäus seinen Gruß.

17 Die Gesandten der Juden, abgesandt vom Hohenpriester Simon und vom Volke der Juden, sind als unsere Freunde und Bundesgenossen zu uns gekommen, um die von altersher

bestehende Freundschaft und Bundesgenossenschaft zu erneuern;

18 sie haben uns einen Goldschild im Werte von 1000 Minen überbracht.

19 So haben wir denn beschlossen, den Königen und Ländern zu schreiben, daß sie nicht darauf ausgehen sollen, ihnen irgendwie Böses zuzufügen, und daß sie weder mit ihnen und ihren Städten und ihrem Lande Krieg führen, noch denen Beistand leisten sollen, die Krieg mit ihnen führen.

20 Den Schild haben wir gern von ihnen angenommen.

21 Sollten nun nichtswürdige Leute sich aus ihrem Lande zu euch flüchten, so liefert sie dem Hohenpriester Simon aus, damit er sie nach ihrem Gesetz bestrafe'.

22 Briefe des gleichen Inhalts ließ Lucius auch dem Könige Demetrius zugehen, sowie dem Attalus, dem Ariarathes und Arsakes,

23 außerdem in alle Länder, nämlich nach Sampsame, an die Spartaner, nach Delos, Myndos, Sicyon, Karien, Samos, Pamphylien, Lycien, Halikarnassus, Rhodus, Phaselis, Kos, Side, Aradus, Gortyna, Knidus, Cypern und Cyrene.

24 Eine Abschrift davon sandte man auch dem Hohenpriester Simon zu.

Antiochus VII. Sidetes wendet sich gegen die Juden

25 Der König Antiochus aber griff Dora gleich am zweiten Tage an, indem er seine Mannschaften die Stadt unablässig bestürmen ließ und Belagerungsmaschinen aufstellte, und schloß den Tryphon so eng ein, daß keine Verbindung mit der Außenwelt mehr stattfand.

26 Als ihm nun Simon 2000 auserlesene Krieger als Hilfstruppen zusandte, dazu Silber und Gold und Kriegsbedarf in Fülle,

27 wollte er nichts davon annehmen, sondern widerrief alles, was er ihm früher zugesagt hatte, und sagte sich ganz von ihm los.

28 Er sandte Athenobius, einen seiner Vertrauten, zu ihm, um mit ihm zu unterhandeln, und ließ ihm sagen: 'Ihr haltet Joppe und Gasara und die Burg in Jerusalem besetzt, lauter Städte, die zu meinem Reiche gehören.

29 Ihr habt deren Gebiete verwüstet und dem Lande schweren Schaden zugefügt und euch zahlreiche Ortschaften in meinem Reiche angeeignet.

30 Gebt also die Städte wieder heraus, die ihr in Besitz genommen habt, und zahlt die Abgaben von den Orten, die ihr euch außerhalb des Gebietes von Judäa angeeignet habt.

31 Wenn ihr das nicht wollt, so zahlt dafür 500 Talente Silber und für die angerichtete Verwüstung und für die Steuern von den Städten

weitere 500 Talente. Wo nicht, so werden wir kommen und euch mit Krieg überziehen'.

32 Athenobius, der Vertraute des Königs, kam also nach Jerusalem; als er aber die Pracht Simons sah und den Schenktisch mit den goldenen und silbernen Prunkgefäßen und die zahlreiche Dienerschaft, da geriet er vor Staunen ganz außer sich. Als er ihm aber die Botschaft des Königs mitgeteilt hatte,

33 gab ihm Simon zur Antwort: 'Wir haben uns weder fremdes Land angeeignet, noch uns fremden Eigentums bemächtigt, sondern nur des Besitztums unserer Väter, das unsere Feinde ungerechterweise bei irgend einer günstigen Gelegenheit an sich gerissen hatten.

34 Wir aber halten, solange die Verhältnisse uns günstig sind, das Besitztum unserer Väter fest.

35 Was aber Joppe und Gasara betrifft, deren Zurückgabe du verlangst, so haben diese vielmehr unter unserem Volke großes Unheil in unserem Lande angerichtet; doch wollen wir für diese Plätze 100 Talente zahlen'. Athenobius erwiderte ihm darauf kein Wort,

36 sondern kehrte in leidenschaftlicher Erregung zum Könige zurück und machte ihm Mitteilung von dieser Erklärung Simons, sowie von seiner Pracht und von allem, was er gesehen hatte. Da geriet der König in heftigen Zorn.

37 Tryphon aber bestieg ein Schiff und entkam nach Orthosia.

38 Darauf ernannte der König den Kendebäus zum Befehlshaber über das Küstenland und übergab ihm Fußvolk und Reiterei;

39 zugleich befahl er ihm, zunächst Judäa gegenüber ein Lager zu beziehen, sodann Kedron zu befestigen und mit starken Toren zu versehen und das jüdische Volk zu bekriegen; der König selbst aber verfolgte den Tryphon.

40 So kam denn Kendebäus nach Jamnia und fing an, das Volk zu beunruhigen, Einfälle in Judäa zu machen, Gefangene wegzuführen und Leute zu töten.

41 Auch befestigte er Kedron und legte Reiter und Fußvolk hinein, die von dort Ausfälle machen und auf den nach Judäa führenden Landstraßen umherstreifen sollten, wie der König ihm befohlen hatte.

16. Kapitel

Simons Söhne schlagen die Syrer

1 Darauf machte sich Johannes von Gasara auf den Weg und erstattete seinem Vater Simon Bericht über das Tun und Treiben des Kendebäus.

2 Da berief Simon seine beiden ältesten Söhne Judas und Johannes und sagte zu ihnen: 'Ich und

meine Brüder und das ganze Haus meines Vaters haben die Feinde Israels von Jugend an bis heute bekämpft, und es ist uns mehr als einmal gelungen, Israel durch unsere Taten zu retten.

3 Nun aber bin ich alt geworden, während ihr durch Gottes Gnade in den Jahren voller Tüchtigkeit steht. So tretet also an meine und meines Bruders Stelle, zieht ins Feld und kämpft für unser Volk; die Hilfe des Himmels aber sei mit euch!'

4 Hierauf hob er im Lande 20.000 Mann Fußvolk, sowie Reiterei aus, die zogen gegen Kendebäus ins Feld und verbrachten die Nacht in Modein.

5 Am anderen Morgen in der Frühe brachen sie auf und zogen in die Ebene hinab; da stand ihnen plötzlich ein großes Heer Fußvolk und Reiterei gegenüber, und nur ein Gießbach war zwischen ihnen.

6 Er nahm nun mit seinen Leuten ihnen gegenüber Stellung; und da er erkannte, daß seine Leute sich scheuten, den Gießbach zu durchschreiten, ging er zuerst hinüber; als das die Männer sahen, folgten sie ihm nach.

7 Er teilte dann sein Fußvolk und stellte die Reiterei in die Mitte der Fußsoldaten; denn die feindliche Reiterei war überaus stark.

8 Als man dann das Trompetensignal gegeben hatte, wurde Kendebäus mit seinem Heere in die Flucht geschlagen, und viele von ihnen blieben

erschlagen auf dem Platze; die übrigen retteten sich durch die Flucht in die Festung.

9 Damals wurde Judas, der Bruder des Johannes, verwundet; Johannes aber verfolgte die Flüchtigen bis Kedron, das Kendebäus hatte befestigen lassen.

10 Die Feinde flohen dann noch weiter in die Burgen auf der Feldmark von Asotus. Er ließ diese Stadt in Flammen aufgehen, und es kamen dabei gegen 2000 Mann ums Leben. Hierauf kehrte er wohlbehalten nach Judäa zurück.

Simon wird ermordet

11 Ptolemäus aber, der Sohn des Abubus, war als Befehlshaber in der Ebene von Jericho eingesetzt und besaß viel Silber und Gold,

12 denn er war der Schwiegersohn des Hohenpriesters.

13 Da stieg der Hochmut in seinem Herzen auf, so daß er den Entschluß faßte, sich des Landes zu bemächtigen, und darauf ausging, Simon und seine Söhne hinterlistigerweise aus dem Wege zu räumen.

14 Nun pflegte Simon die Städte im Lande zu bereisen, um für ihre Bedürfnisse Sorge zu tragen. So kam er denn auch nach Jericho mit seinen Söhnen Mattathias und Judas im Jahre 177 im elften Monat – das ist der Monat Sabat.

15 Da empfing sie der Sohn des Abubus hinterlistigerweise in der kleinen Festung Dok,

die er hatte erbauen lassen, und veranstaltete ihnen zu Ehren ein großes Festmahl, nachdem er dort Männer versteckt hatte.

16 Als nun Simon und seine Söhne trunken waren, stand Ptolemäus mit seinen Helfershelfern auf, nahmen ihre Waffen, überfielen Simon im Speisezimmer und töteten ihn und seine beiden Söhne nebst einigen von seinen Dienern.

17 Er verübte so seine schwere Treulosigkeit und vergalt Gutes mit Bösem.

Johannes Hyrkanus wird Hoherpriester

18 Hierauf sandte Ptolemäus einen schriftlichen Bericht über das Vorkommnis an den König mit dem Ersuchen, er möchte ihm Truppen zu Hilfe senden und ihm das jüdische Land und die Städte überweisen.

19 Zugleich schickte er andere Leute nach Gasara, um Johannes aus dem Wege zu räumen; und an die Hauptleute richtete er Briefe mit der Aufforderung, sie möchten sich an ihn anschließen, damit er ihnen Silber, Gold und Geschenke gäbe.

20 Wieder andere schickte er nach Jerusalem, um sich der Stadt und des Tempelberges zu bemächtigen.

21 Es war aber ein Mann vorausgeeilt und hatte dem Johannes in Gasara gemeldet, daß sein Vater und seine Brüder ermordet und daß Leute

entsandt worden seien, um auch ihn zu ermorden.

22 Diese Nachricht versetzte ihn in die höchste Bestürzung; er nahm die Männer, die zu seiner Ermordung gekommen waren, gefangen und ließ sie hinrichten; denn er überzeugte sich davon, daß sie ihn hatten ermorden wollen.

23 Die übrige Geschichte des Johannes und seiner Kriege und der Heldentaten, die er vollbracht hat, sowie des Mauerbaues, den er ausgeführt, kurz aller seiner Taten,

24 das findet sich bekanntlich aufgezeichnet im Buche der Geschichte seines Hohenpriestertums, von der Zeit ab, wo er Hoherpriester nach seinem Vater geworden war.

2. Makkabäer

Von Gottes Eingreifen bei angetanem Unrecht,
den Folgen von Missachtung der
Göttlichen Gesetze und
dem Vertrauen auf die Entscheidungen des
Schöpfers der Welt

1. Kapitel

Der erste Brief

1 Den Brüdern, den Juden in Ägypten, unsern Gruß zuvor! Eure Brüder, die Juden in Jerusalem und in der Landschaft Judäa, wünschen euch Frieden und Heil.

2 Ja, Gott wolle es euch gut ergehen lassen und des Bundes gedenken, den er mit Abraham, Isaak und Jakob, seinen treuen Knechten, geschlossen hat;

3 er schenke euch allen ein Herz, das bereit ist, ihn zu verehren und seinen Willen zu tun mit starkem Mut und williger Seele!

4 Er schließe euch das Herz auf für sein Gesetz und seine Gebote und schaffe euch Frieden!

5 Er erhöre auch eure Gebete und wende euch seine Gnade zu und verlasse euch nicht in der Zeit der Not!

6 Das sind die Gebete, die wir auch jetzt für euch darbringen.

7 Während der Regierung des Demetrius, im Jahre 169, haben wir Juden an euch geschrieben in der äußersten Trübsal, die in jenen Jahren über uns hereingebrochen war, seitdem Jason und sein Anhang vom heiligen Lande und vom Königreiche abgefallen waren

8 und man das Tor verbrannt und unschuldiges Blut vergossen hatte. Da haben wir zum Herrn gebetet und haben auch Erhörung gefunden; wir haben Schlachtopfer und Speisopfer dargebracht und die Lampen angezündet und die Schaubrote aufgelegt.
9 Und nunmehr feiert ja die Tage des Laubhüttenfestes im Monat Kislev. Gegeben im Jahre 188.

Der zweite Brief

10 Die zu Jerusalem in Judäa wohnenden Juden, sowie der Hohe Rat und Judas wünschen dem Aristobulus, dem Lehrer des Königs Ptolemäus, der vom Geschlecht der gesalbten Priester stammt, sowie den Juden in Ägypten Heil und Gesundheit.
11 Aus großen Gefahren durch Gottes Hilfe gerettet, sind wir ihm aufrichtig dankbar als solche, die zum Kampfe gegen den König (von Syrien) immer bereit sind;
12 er selbst hat ja die verjagt, die sich in der heiligen Stadt zum Kampfe bereit gemacht hatten.

Ermordung des syrischen Königs Antiochus im Tempel der Nanäa in Persien

13 Denn als der Fürst mit seinem für unüberwindlich gehaltenen Heere nach Persien

gekommen war, wurden sie im Tempel der Nanäa erschlagen, indem die Priester der Nanäa sich einer List bedienten.

14 Antiochus war nämlich mit seinen Freunden an den Ort gekommen unter dem Vorwande, er wolle sich mit der Göttin vermählen, in der Tat aber zu dem Zweck, die reichen Schätze gleichsam als Mitgift hinzunehmen.

15 Die Priester des Nanäatempels holten sie nun zwar hervor; da jener aber mit nur wenigen Begleitern in den Tempelbezirk gekommen war, schlossen sie, sobald Antiochus eingetreten war, das Heiligtum zu,

16 öffneten dann die in der Decke verborgene Tür, warfen Steine herab und zerschmetterten den Fürsten; denn zerstückten sie die Leichen, hieben ihnen die Köpfe ab und warfen sie den draußen Stehenden zu.

17 Gepriesen für alles sei unser Gott, der die Gottlosen so dahingegeben hat!

Auffindung und Verwendung des heiligen Feuers durch Nehemia

18 Da wir am 25. des Monats Kislev die Reinigung des Tempels zu feiern gedenken, haben wir es für unsere Pflicht gehalten, euch davon Kenntnis zu geben, damit auch ihr das Fest in der Weise der Laubhütten begehet und zur Erinnerung an das Feuer, (das uns gegeben wurde), als Nehemia nach Erbauung des

Tempels und des Altars wieder ein Opfer darbrachte.

19 Als nämlich unsere Väter einst nach Persien weggeführt wurden, nahmen die damaligen frommen Priester heimlich etwas vom Feuer des Altars und verbargen es in der Höhlung einer Zisterne, die gerade wasserleer war; darin brachten sie es so sicher unter, daß kein Mensch den Ort kannte.

20 Als es nun nach Verlauf vieler Jahre Gott gefiel, schickte Nehemia, den der König von Persien hergesandt hatte, die Nachkommen jener Priester, die das Feuer versteckt hatten, mit der Weisung hin, das Feuer zu holen. Als sie uns aber berichteten, kein Feuer, sondern nur schlammiges Wasser gefunden zu haben, befahl er ihnen, davon zu schöpfen und es zu bringen.

21 Da nun alles zu dem Opfer Erforderliche zugerichtet war, befahl Nehemia den Priestern, sie möchten mit dem Wasser die Holzscheite und die daraufliegenden Fleischstücke begießen.

22 Als dies geschehen war und nach einiger Zeit die Sonne, die bis dahin hinter Wolken verborgen gewesen war, hell zu scheinen begann, flammte ein großes Feuer auf, so daß alle in Erstaunen gerieten.

23 Während nun das Opfer verzehrt wurde, verrichteten die Priester ein Gebet, die Priester und alle Anwesenden, indem Jonathan den

Anfang machte und die übrigen, auch Nehemia, einstimmten.

24 Das Gebet lautete aber folgendermaßen: 'Herr, Herr, Gott, Schöpfer aller Dinge, du Furchtbarer und Gewaltiger, du Gerechter und Barmherziger, du der alleinige König und Wohltäter,

25 der du allein gute Gaben verleihst, der du allein gerecht, allmächtig und ewig bist, der du Israel aus allem Unheil errettest, der du unsere Väter dir auserwählt und geheiligt hast:

26 nimm dieses Opfer an für dein ganzes Volk Israel und behüte und heilige dein Erbteil!

27 Bringe uns Zerstreute wieder zusammen, befreie die unter den Heiden in Knechtschaft Lebenden, blicke die Verachteten und Verabscheuten gnädig an und laß die Heiden erkennen, daß du unser Gott bist!

28 Strafe die, welche uns unterdrücken und im Übermut uns mißhandeln!

29 Pflanze dein Volk wieder ein an deiner heiligen Stätte, wie Mose es verheißen hat!'

30 Die Priester sangen ihre Loblieder dazu.

31 Sobald nun die Fleischstücke des Opfers verbrannt waren, ließ Nehemia mit dem übrigen Wasser große Steine begießen.

32 Sofort schlug da eine Flamme empor, die aber von dem auf dem Altar entgegenstrahlenden Lichte verdunkelt wurde.

33 Als aber die Sache bekannt wurde und man dem Könige von Persien berichtete, daß an der

Stelle, wo die in Gefangenschaft weggeführten Priester das Feuer verborgen hatten, Wasser zum Vorschein gekommen sei, womit dann Nehemia und seine Genossen das Opfer geweiht hätten,

34 da ließ der König, nachdem er die Sache genau untersucht hatte, den Ort umzäunen und dadurch für heilig erklären.

35 Auch ließ der König denen, welchen er wohlwollte, reiche Geldgeschenke zukommen.

36 Nehemia aber und die Seinigen nannten dies (schlammige Wasser) Nephthar, d.h. auf deutsch Reinigung; meistens aber wird es Nephtha genannt.

2. Kapitel

Mitteilungen aus älteren heiligen Urkunden und Hinweis auf neuere Büchersammlungen

1 Man findet in den Urkunden nicht nur, daß der Prophet Jeremia den in die Gefangenschaft Ziehenden etwas von dem Feuer wegzunehmen befahl, wie soeben berichtet worden ist,

2 sondern auch, daß der Prophet nach Überreichung des Gesetzbuches die Weggeführten ermahnte, die Gebote des Herrn nicht zu vergessen und sich in ihrem Sinn nicht irremachen zu lassen beim Anblick der

goldenen und silbernen Götzenbilder mit ihrem Schmuck.

3 Auch noch durch andere Reden dieser Art ermahnte er sie, das Gesetz nicht aus ihrem Herzen entschwinden zu lassen.

4 In der Schrift stand auch geschrieben, daß der Prophet infolge einer göttlichen Weisung das Zelt und die Bundeslade sich nachtragen ließ und daß er nach dem Berge hinging, von dessen Höhe Mose einst das Erbland Gottes gesehen hatte.

5 Nach seiner Ankunft fand Jeremia dort eine geräumige Höhle, in die er das Zelt, die Lade und den Räucheraltar hineinbrachte und sodann den Eingang verstopfte.

6 Mehrere von denen, die ihn dort begleitet hatten, kamen hierauf, um sich den Weg zu merken, konnten ihn aber nicht wiederfinden.

7 Als Jeremia das erfuhr, machte er ihnen Vorwürfe und sagte ihnen, daß der Ort unbekannt bleiben solle, bis Gott sein Volk wieder zusammenbringen und sich ihm gnädig erweisen würde.

8 Dann erst würde der Herr diese Geräte wieder zum Vorschein kommen lassen, und die Herrlichkeit des Herrn würde in der Wolke erscheinen, wie sie sich zur Zeit Mose's gezeigt habe und wie auch Salomo gebeten hätte, daß die (heilige) Stätte hoch verherrlicht werden möchte. –

9 Es war da auch berichtet, wie jener mit

Weisheit begabte Salomo das Opfer zur Vollendung und Einweihung des Tempels darbrachte;

10 und ebenso, wie Mose einst zum Herrn gebetet hatte und Feuer vom Himmel herabgefallen war und die Opferstücke verzehrt hatte; ebenso betete auch Salomo, und das Feuer, welches herabfuhr, verzehrte die Brandopfer.

11 Mose hat ja einst gesagt: 'Weil das Sündopfer nicht gegessen wurde, ist es (vom Feuer) verzehrt worden'.

12 Ebenso hat auch Salomo das achttägige Fest gefeiert.

13 Es fanden sich aber nicht nur gerade diese (soeben angeführten) Tatsachen in den Schriften, nämlich in den Denkwürdigkeiten Nehemias, berichtet, sondern auch, daß er als Stifter einer Bibliothek die Bücher über die Könige und Propheten, sowie die Schriftwerke Davids und Briefe von Königen über Weihgeschenke gesammelt habe.

14 Ebenso hat auch Judas die Schriften, wie wegen des Krieges, den wir zu führen hatten, zerstreut worden waren, vollständig wieder gesammelt, und wir besitzen sie noch.

15 Solltet ihr etwas davon nötig haben, so sendet Leute, die es euch von hier abholen. −

Schluß des Briefes mit der Aufforderung zur Teilnahme an der Tempelweihe

16 Da wir nun das Fest der Tempelweihe zu feiern gedenken, so lassen wir euch dies Schreiben zugehen; ihr werdet also wohl tun, diese Tage auch zu feiern.

17 Unser Gott aber, der sein ganzes Volk gerettet und ihnen allen das Erbteil und das Königtum, das Priestertum und die Heiligung (oder den Tempeldienst?) verliehen hat,

18 wie er's durch das Gesetz verheißen hat: dieser Gott, auf den wir unsere Hoffnung setzen, wird sich unser bald erbarmen und uns aus den Ländern, soweit der Himmel reicht, an der heiligen Stätte wieder vereinigen; er hat uns ja bereits aus großen Nöten befreit und die (heilige) Stätte gereinigt.

19 Was nun aber die Geschichte des Judas Makkabäus und seiner Brüder betrifft, sowie den Bericht über die Reinigung des großen Tempels und über die Einweihung des Altars,

20 ferner die Kriege gegen Antiochus Epiphanes und dessen Sohn Antiochus Eupator,

21 sowie die himmlischen Erscheinungen, die denen zuteil wurden, die für das Judentum ruhmvoll und als Helden stritten, so daß sie trotz ihrer geringen Zahl das ganze Land eroberten und die Horden der heidnischen Barbaren verjagten

22 und den weltberühmten Tempel

wiedergewannen, die Hauptstadt befreiten, die Gesetze, die abgeschafft werden sollten, wieder zur Geltung brachten, weil der Herr in aller Güte ihnen gnädig war:

23 dies alles, was Jason von Cyrene in fünf Büchern berichtet hat, wollen wir versuchen, in ein einziges Buch zusammenzuziehen.

24 Denn indem wir die Menge der Zahlen und die Schwierigkeit erwogen, die aus der Fülle des Stoffs denen erwächst, die sich in die geschichtlichen Berichte hineinarbeiten wollen,

25 so sind wir für solche, die zu lesen wünschen, auf angenehme Unterhaltung bedacht gewesen, dagegen für solche, welche die Tatsachen im Gedächtnis behalten möchten, auf Erleichterung, überhaupt aber auf den Nutzen aller, denen dies Buch in die Hände fallen sollte.

26 Für uns freilich, die wir die Mühe dieses Auszugs übernommen haben, ist die Sache nichts Leichtes, vielmehr ein Geschäft des Schweißes und der Nachtwachen,

27 gleichwie es auch nichts Bequemes ist, wenn man ein Gastmahl zurüstet und auf den Genuß anderer bedacht ist. Dennoch wollen wir die Mühe gern auf uns nehmen, weil viele uns dafür dankbar sein werden.

28 Dabei haben wir die genaue Ermittlung der einzelnen Tatsachen dem Geschichtschreiber anheimgestellt und lassen es uns lediglich angelegen sein, den an einen Auszug zu

stellenden Forderungen zu genügen.

29 Wie nämlich bei einem neuen Hause der Baumeister die Sorge für die ganze Ausführung des Baues zu tragen hat, während derjenige, welcher die Zeichnungen und Malereien ausführt, nur das für die Ausschmückung Erforderliche besorgen muß, so ist es, scheint mir's, auch hier bei uns der Fall.

30 Das Eindringen in die Tiefe und das umfassende Berichterstatten und die sorgfältige Erforschung aller einzelnen Tatsachen, das ist Sache des eigentlichen Geschichtschreibers;

31 dagegen das Streben nach Kürze des Ausdrucks und der Verzicht auf ausführliche Darstellung ist dem zu gestatten, der nur eine Umformung des Stoffes vornimmt.

32 So wollen wir uns denn nunmehr, nachdem wir uns so lange mit der Vorrede beschäftigt haben, der Erzählung selbst zuwenden; denn es wäre ja töricht, in der Einleitung zu einem Geschichtswerk weitschweifig zu sein, nachher aber den geschichtlichen Bericht selbst kurz abzutun.

I. Erster Teil:
Heliodorus Angriff auf den Tempelschatz und die ersten Verfolgungen unter Antiochus Epiphanes

3. Kapitel

1 Während also die heilige Stadt für ihre Bewohner in tiefem Frieden lag und die Gesetze aufs beste beobachtet wurden infolge der Frömmigkeit des Hohenpriesters Onias und um seines Hasses der Gottlosigkeit willen,

2 da kam es oftmals vor, daß selbst die Könige die heilige Stätte ehrten und den Tempel durch ihre reichsten Zuwendungen verherrlichten,

3 so daß unter anderen auch Seleukus, der König von Asien, aus seinen eigenen Einkünften alle Kosten bestritt, die der Opferdienst verursachte.

4 Ein gewisser Simon aber aus dem Stamme Benjamin, dem das Amt des Vorstehers der Tempelverwaltung übertragen war, geriet mit dem Hohenpriester in Streit wegen der städtischen Marktaufsicht;

5 und da er gegen Onias nicht Recht behalten konnte, begab er sich zu Apollonius, dem Sohne des Thrasäus, der damals Statthalter in Cölesyrien und Phönizien war,

6 und berichtete diesem, die Schatzkammer des Tempels in Jerusalem sei mit unermeßlichen Reichtümern angefüllt, so daß die Menge des Geldes unzählbar sei und in keinem Verhältnis zu den Kosten der Opfer stehe; es sei aber wohl möglich, daß dies alles dem Könige zur Verfügung gestellt würde.

7 Als nun Apollonius mit dem Könige zusammentraf, machte er ihm Mitteilung von dem Gelde, das zu seiner Kenntnis gekommen war; der König aber erwählte seinen Reichskanzler Heliodorus und entsandte ihn mit dem Befehl, er solle sich das vorbezeichnete Geld ausliefern lassen.

8 Heliodorus machte sich sofort auf den Weg, und zwar unter dem Vorwande, die Städte in Cölesyrien und Phönizien bereisen zu wollen, in der Tat aber, um den Wunsch des Königs zur Ausführung zu bringen.

9 In Jerusalem angekommen und von dem Hohenpriester und der Stadt freundlich aufgenommen, machte er Mitteilung von der ihm gemachten Anzeige, legte den Grund seines Kommens dar und erkundigte sich, ob die Sache sich wirklich so verhalte.

10 Da eröffnete ihm der Hohepriester, daß es sich um hinterlegte Gelder von Witwen und Waisen handle;

11 einiges gehöre auch dem Hyrkanus, dem Sohne des Tobias, einem hochangesehenen Manne; die Sache verhalte sich nicht so, wie der

gottlose Simon verleumderisch angegeben habe; das Ganze betrage vielmehr nur 400 Talente Silber und 200 Talente Gold.

12 Es sei aber durchaus unzulässig, daß diejenigen geschädigt würden, welche ihr Vertrauen auf die Heiligkeit der Stätte und auf die Ehrwürdigkeit und Unverletzlichkeit des weltberühmten Tempels gesetzt hätten.

13 Heliodorus aber erklärte auf Grund des königlichen Befehls, den er in Händen hatte, mit aller Bestimmtheit, das Geld müsse in den königlichen Schatz abgeführt werden.

14 Er setzte also einen Tag fest und ging hinein, um die Besichtigung des Tempelschatzes vorzunehmen. Da geriet die ganze Stadt in eine gewaltige Bestürzung:

15 die Priester warfen sich in ihren Priestergewändern vor dem Altar nieder und riefen laut gen Himmel zu dem, der das Gesetz über die anvertrauten Gelder gegeben hatte, er möge die Gelder denen, die sie hinterlegt hätten, unberührt erhalten.

16 Wer die äußere Erscheinung des Hohenpriesters ansah, dem mußte das Herz bluten; denn sein Aussehen und seine veränderte Gesichtsfarbe verrieten die Bestürzung seines Inneren;

17 Furcht und Zittern des ganzen Leibes hatte den Mann ergriffen, wodurch denen, die ihn ansahen, der in seinem Herzen brennende Schmerz offenbar wurde.

18 Die Leute aber stürzten haufenweise aus den Häusern, um gemeinsam zu beten, weil die heilige Stätte in Verachtung zu geraten drohte.

19 Die Frauen füllten die Straßen an, mit Trauergewändern unter der Brust gegürtet; die Jungfrauen, die in den Häusern eingeschlossen waren, liefen teils an die Haustüren, teils auf die Mauern ihres Hofes, teils schauten sie zu den Fenstern hinaus;

20 alle aber sprachen mit zum Himmel erhobenen Händen Gebete aus.

21 Es war ein Jammer zu sehen, wie die ganze Volksmenge durcheinander gemischt sich auf die Kniee warf, und wie der Hohepriester, von gewaltigem Schmerz ergriffen, in banger Erwartung schwebte.

22 Während diese nun den allmächtigen Gott anflehten, daß er die anvertrauten Gelder den Eigentümern in aller Sicherheit unversehrt erhalten wolle,

23 suchte Heliodorus seinen Beschluß zur Ausführung zu bringen.

24 Als er aber bereits mit seinem Gefolge an Ort und Stelle in der Schatzkammer stand, ließ der Herr der Väter (oder der Geister) und der Herrscher über alle Gewalt eine wunderbare Erscheinung eintreten, so daß alle, die sich dort zu versammeln gewagt hatten, von der Macht Gottes betroffen, in eine sie völlig lähmende Verzagtheit gerieten.

25 Es erschien ihnen nämlich ein Pferd, auf dem

ein furchtbarer Reiter saß und das mit dem prächtigsten Geschirr geschmückt war; in vollem Lauf heranstürmend, schlug es mit den Vorderhufen auf Heliodorus ein; der auf ihm sitzende Reiter aber glänzte in goldener Rüstung.

26 Noch zwei andere Jünglinge erschienen vor Heliodorus von ausgezeichneter Stärke, in glänzender Schönheit und prächtiger Kleidung; diese traten von beiden Seiten an ihn heran und geißelten ihn unaufhörlich, indem sie ihm viele Schläge versetzten.

27 Da fiel er plötzlich zu Boden und verlor das Bewußtsein völlig; man ergriff ihn und legte ihn auf eine Tragbahre.

28 Denselben Mann, der eben noch mit zahlreichem Gefolge und allen seinen Trabanten in die vorgenannte Schatz-kammer eingetreten war, trug man weg, da er sich selbst nicht helfen konnte; alle hatten die Machtbezeugung Gottes klar erkannt.

29 Er aber lag nun da, durch Gottes Eingreifen sprachlos geworden und jeder Hoffnung auf Rettung beraubt.

30 Die Juden aber priesen den Herrn, der seine Stätte so wunderbar verherrlicht hatte; und der Tempel, in dem kurz vorher noch Furcht und Bestürzung geherrscht hatte, war infolge der Erscheinung des allmächtigen Herrn mit Freude und Jubel erfüllt.

31 Sogleich baten nun einige von Heliodorus

Freunden den Onias er möge doch den Höchsten anrufen und so dem in den letzten Zügen liegenden Manne das Leben retten.

32 Weil nun der Hohepriester in Besorgnis war, der König könne auf den Gedanken kommen, es sei von den Juden ein Verbrechen an Heliodorus begangen worden, brachte er ein Opfer für die Genesung des Mannes dar.

33 Während nun der Hohepriester das Sühnopfer vollzog, erschienen dem Heliodorus dieselben Jünglinge noch einmal in denselben Gewändern, traten vor ihn hin und sagten: 'Statte dem Hohenpriester Onias vielen Dank ab, denn nur aus Rücksicht auf ihn hat der Herr dir das Leben geschenkt.

34 Du aber, der du vom Himmel her die Geißelhiebe erhalten hast, verkünde aller Welt die große Macht Gottes!' Nach diesen Worten verschwanden sie.

35 Heliodorus brachte nun seinerseits dem Herrn ein Opfer dar, verpflichtete sich gegen den Retter seines Lebens zu großen Gelübden, verabschiedete sich freundlich von Onias und kehrte mit seinem Gefolge zum Könige zurück;

36 er bezeugte allen unverhohlen die Wundertaten des höchsten Gottes, die er mit eigenen Augen gesehen habe.

37 Als aber der König ihn fragte, wer wohl dazu geeignet wäre, noch einmal nach Jerusalem gesandt zu werden, erklärte er:

38 'Wenn du einen Feind oder einen Gegner

deiner Regierung hast, so sende ihn dorthin; du wirst ihn dann mit Geißelhieben zerschlagen zurück-erhalten, wenn er überhaupt mit dem Leben davonkommt; denn an jener Stätte waltet in Wahrheit eine göttliche Macht.

39 Denn er selbst, der seine Wohnung im Himmel hat, ist der Wächter und Beschützer jener Stätte, und wenn jemand in böser Absicht dahin kommt, so schlägt er ihn tot.'

40 So ist die Sache mit Heliodorus und der Bewahrung des Tempelschatzes verlaufen.

4. Kapitel

Onias beim König

1 Der vorhin erwähnte Simon aber, der zum Verräter des Staatsschatzes und seines Vaterlandes geworden war, verleumdete den Onias, als sei er selbst es gewesen, der den Heliodorus tätlich angegriffen und das ganze Unheil angerichtet habe;

2 so erfrechte er sich, den Wohltäter der Stadt, den Fürsorger für seine Volksgenossen und den Eiferer für die Gesetze als Staatsverräter zu bezeichnen.

3 Als nun die Feindschaft sich dermaßen steigerte, daß durch einen von Simons Parteigenossen sogar Mordtaten verübt wurden,

4 da erwog Onias das Gefährliche dieser

Parteiungen; und da er erfuhr, daß Apollonius, der Statthalter von Cölesyrien und Phönizien, in seiner Wut die Bosheit Simons noch steigerte,

5 begab er sich zum Könige, nicht um seine Mitbürger zu verklagen, sondern weil er auf das Wohl seines Volkes im ganzen wie im einzelnen bedacht war.

6 Denn es war ihm klar, daß ohne Fürsorge der Staatsregierung die öffentliche Ruhe nicht wieder hergestellt werden könne, und daß Simon von seinem Unverstand nicht ablassen würde.

Jason wird Hoherpriester

7 Als Seleukus aber mit Tode abgegangen war, und Antiochus mit dem Beinamen Epiphanes die Regierung angetreten hatte, erschlich sich Jason, der Bruder des Onias, die hohenpriesterliche Würde,

8 indem er dem Könige bei einer Unterredung 360 Talente Silber und von einer anderen Einnahme noch 80 Talente versprach.

9 Außerdem verhieß er, sich schriftlich noch für eine andere Summe, nämlich für 150 Talente, verbindlich zu machen, wenn es ihm gestattet würde, aus eigener Macht ein Gymnasium und einen Ringplatz für Jünglinge herzustellen und den Juden in Jerusalem das Bürgerrecht von Antiochien zu verleihen.

10 Als nun der König ihm dies bewilligte und er

so zur Herrschaft gelangt war, fing er sofort an, bei seinen Landsleuten griechische Sitten einzuführen.

11 Er schaffte die für die Juden bestehenden menschenfreundlichen Vorrechte ab, welche die früheren Könige gewährt hatten, und zwar durch Vermittlung des Johannes, des Vaters jenes Eupolemus, der als Gesandter nach Rom geschickt worden war, um dort Freundschaft und ein Waffenbündnis zu schließen. Weiter hob er die gesetzmäßigen Staatseinrichtungen auf und ließ neue ungesetzliche Bräuche an ihre Stelle treten.

12 So erbaute er z.B. ohne Scheu gerade am Fuße der Burg ein Gymnasium und suchte die edelsten Jünglinge zum Tragen des griechischen Hutes zu verleiten.

13 So wurde denn die Vorliebe für die griechischen Sitten und der Übertritt zum ausländischen Wesen infolge der maßlosen Verruchtheit des gottlosen Jason, der gar nichts von einem Hohenpriester an sich hatte, so stark,

14 daß die Priester sich nicht mehr um den Altardienst kümmerten, sondern mit Verachtung des Tempels und unter Vernachlässigung der Opfer sich beeilten, an den gesetzwidrigen Aufführungen von Wettkämpfen auf dem Ringplatze nach der Aufforderung zum Diskuswerfen teilzunehmen;

15 sie achteten eben die Ehren, die bei den Vätern Wert gehabt hatten, für nichts und hielten

das, was den Griechen als rühmlich galt, für das Schönste.

16 Darum gerieten sie auch in eine schlimme Lage; denn die, deren Lebensführung sie nacheiferten und denen sie in allen Stücken gleich werden wollten, eben diese bekamen sie zu Feinden und Zwingherren;

17 denn gegen die göttlichen Gesetze zu freveln ist nichts Geringes; das wird ja die Folgezeit klar herausstellen.

18 Als man nun die fünfjährigen Kampfspiele zu Tyrus in Gegenwart des Königs feierte,

19 sandte der verruchte Jason Festgesandte, die das antiochische Bürgerrecht besaßen, als Vertreter Jerusalems dahin; diese hatten 300 Drachmen Silbers zu dem Opfer für Herkules zu überbringen. Die Überbringer sprachen jedoch die Bitte aus, man möge das Geld nicht für ein Opfer verwenden, weil sich das nicht schicke, sondern man möge es für einen anderen Zweck verwenden.

20 So war dies Geld also nach der Absicht des Übersenders zu dem Opfer für Herkules bestimmt; aber mit Rücksicht auf die Überbringer wurde es zum Bau von Kriegsschiffen verwendet.

21 Als aber Apollonius, der Sohn des Menestheus, bei Gelegenheit des Regierungsantritts des Königs Ptolemäus Philometor nach Ägypten gesandt worden war und Antiochus erfuhr, daß dieser eine ihm

zuwiderlaufende Politik verfolge, so war er auf seine eigene Sicherheit bedacht; er begab sich deshalb nach Joppe und kam dann nach Jerusalem.

22 Hier wurde er von Jason und der Bürgerschaft glänzend empfangen und mit einem Fackelzug und Freudengeschrei bewillkommnet; darauf zog er mit seinem Heere nach Phönizien.

Menelaus wird Hoherpriester

23 Nach Verlauf von drei Jahren entsandte Jason den Menelaus, den Bruder des schon erwähnten Simon, um dem Könige das Geld zu überbringen und mehrere dringende Angelegenheiten zu erledigen, inbetreff derer Mahnungen an ihn gerichtet worden waren.

24 Dieser wußte aber die Gunst des Königs zu gewinnen und verherrlichte ihn durch Lobpreisungen, wobei er sich die Miene eines einflußreichen Mannes gab; so verschaffte er sich denn das Hohepriestertum, indem er den Jason um 300 Talente Silber überbot.

25 Nachdem er nun die königliche Bestätigung erhalten hatte, kehrte er zurück, ohne irgend eine für das Hohepriestertum erforderliche Eigenschaft zu besitzen, und nur mit der Wut eines rohen Tyrannen und dem Grimm eines wilden Raubtieres ausgestattet.

26 So sah sich denn Jason, der einst seinen

eigenen Bruder arglistig verdrängt hatte, jetzt ebenso von einem anderen verdrängt und als Flüchtling ins Land der Ammoniter vertrieben.

27 Menelaus befand sich nun zwar im Besitz der Herrschaft, aber von dem Gelde, das er dem Könige versprochen hatte, zahlte er nichts, obschon Sostrates, der Befehlshaber der Burg, ihn darum mahnte;

28 dieser hatte nämlich die Beitreibung der Gelder zu besorgen. Aus diesem Grunde wurden sie beide vom Könige vorgeladen,

29 und Menelaus ließ als seinen Stellvertreter im Hohenpriestertum seinen Bruder Lysimachus zurück, Sostrates aber den Krates, den Obersten der Cyprier.

Die Ermordung des Onias

30 Als die Dinge nun soweit gediehen waren, begab es sich, daß die Einwohner von Tarsus und Mallus sich empörten, weil sie der Antiochis, dem Kebsweibe des Königs, als Geschenk zugewiesen worden waren.

31 In aller Eile hatte sich nun der König an Ort und Stelle begeben, um die Dinge dort in Ordnung zu bringen, und hatte als seinen Stellvertreter den Andronikus zurückgelassen, einen seiner vornehmsten Würdenträger.

32 Da glaubte Menelaus, eine günstige Gelegenheit zu seiner Rettung gefunden zu haben. Er brachte also einige von den

Goldgeräten des Tempels auf die Seite und schenkte sie dem Andronikus; bei anderen gelang es ihm, sie nach Tyrus und in die umliegenden Städte zu verkaufen.

33 Als Onias dies sicher erfahren hatte, rügt er es scharf, nachdem er sich in eine Freistatt bei Daphne, einem Vorort von Antiochien, zurückgezogen hatte.

34 Daher nahm Menelaus den Andronikus beiseite und forderte ihn auf, den Onias umzubringen. Dieser begab sich also zu Onias, leistete ihm, da ihm die Anwendung einer List empfohlen war, unter Eidschwüren den Handschlag und überredete ihn, obgleich die Sache dem Onias verdächtig erschien, aus der Freistatt herauszukommen, worauf er ihn, ohne alle Scheu vor dem Recht, sofort erstach.

35 Über diese Tat waren nicht nur die Juden, sondern auch viele von den anderen Völkern aufgebracht und über die ruchlose Ermordung des Mannes entrüstet.

36 Als dann der König aus Cilicien zurückgekehrt war, brachten die Juden der Hauptstadt die Anklage bei ihm an, und auch die Griechen bezeugten ihrer Entrüstung über die rechtswidrige Tötung des Onias.

37 Antiochus war über das Geschehene herzlich betrübt; er vergoß Tränen des Mitleids im Hinblick auf die Besonnenheit und hohe Sittenreinheit des Hingeschiedenen;

38 und voller Zorn ließ er sofort dem

Andronikus den Purpur abnehmen und die Kleider vom Leibe reißen und ihn dann in der ganzen Hauptstadt herumführen bis an die Stelle, wo er die Schandtat an Onias verübt hatte; dort ließ er den Meuchelmörder hinrichten. So hat der Herr ihm mit der verdienten Strafe vergolten.

Der Aufstand gegen Lysimachus

39 Weil aber viele Beraubungen des Tempelschatzes in der Stadt (Jerusalem) von Lysimachus unter Mitwissen des Menelaus ausgeführt waren und das Gerücht davon sich auswärts verbreitet hatte, rottete sich das Volk gegen Lysimachus zusammen, nachdem schon viele Goldgeräte verschleppt worden waren.

40 Als nun die Volkshaufen in Aufregung und voller Wut waren, bewaffnete Lysimachus etwa 3000 Mann und fing an, mit Gewalt vorzugehen, wobei ein gewisser Tyrannus (Auranus?), ein Mann von vorgerücktem Alter, nicht minder aber auch von argem Unverstand, die Hauptrolle spielte.

41 Da sie aber sahen, daß Lysimachus sogar einen Angriff ins Werk setzte, griffen die einen nach Steinen, andere nach dicken Holzstangen, einige rafften auch von dem daliegenden Staube zusammen und schleuderten alles durcheinander auf Lysimachus und seine Leute,

42 wodurch sie viele von ihnen verwundeten,

einige auch zu Boden schlugen, alle aber in die Flucht trieben und den Tempelräuber selbst bei der Schatzkammer totschlugen.

Der Prozess gegen Menelaus

43 Um dieser Vorkommnisse willen wurde eine gerichtliche Untersuchung gegen Menelaus eingeleitet;

44 und als der König nach Tyrus gekommen war, brachten drei Männer, die vom Hohen Rate abgeordnet waren, die Klage bei ihm an.

45 Als nun Menelaus sich bereits überführt sah, versprach er Ptolemäus, dem Sohne des Dorymenes, eine große Summe Geldes, damit er den König ihm günstig stimmen sollte.

46 So nahm denn Ptolemäus den König mit sich in einen Säulengang, als wollte er ihn frische Luft schöpfen lassen, und stimmte ihn um,

47 so daß er den Menelaus, der doch die Schuld an allem Unheil trug, von den Anklagen freisprach, dagegen jene (drei) Ärmsten, die sogar, wenn sie ihre Sache vor einem Gerichtshofe der Scythen geführt hätten, als unschuldig freigesprochen worden wären, zum Tode verurteilte.

48 So mußten denn die Männer, die für die Stadt und die judäischen Gemeinden und für die heiligen Geräte eingetreten waren, alsbald die ungerechte Strafe über sich ergehen lassen.

49 Das war auch der Grund, weshalb einige

Tyrier aus gerechtem Unwillen über das begangene Verbrechen die Kosten zu einem ehrenvollen Leichenbegängnis für sie hergaben. 50 Menelaus aber blieb infolge der Habgier der Machthaber im Besitz seiner Würde und erwies sich, da es mit seiner Bosheit immer schlimmer wurde, als ein arger Verräter an der Sache seiner Mitbürger.

5. Kapitel

Himmelserscheinungen in Jerusalem

1 Um diese Zeit nun unternahm Antiochus seinen zweiten Feldzug nach Ägypten.
2 Da begab es sich, daß man fast 40 Tage lang in der ganzen Stadt Reiter in golddurchwirkten Gewändern und mit Lanzen bewaffnet scharenweise durch die Luft stürmen sah;
3 auch ganze Reitergeschwader in Schlachtordnung, Angriffe und Gegenangriffe von beiden Seiten, Schilde, die geschwungen wurden, Lanzen in Menge, gezückte Schwerter, abgeschossene Pfeile waren sichtbar, funkelnde goldene Rüstungen und Harnische von mancherlei Art.
4 Daher beteten alle, daß diese Erscheinung etwas Gutes bedeuten möge.

Jasons Ende

5 Als sich nun ein falsches Gerücht verbreitete, daß Antiochus gestorben sei, raffte Jason eine Schar von mindestens 1000 Mann zusammen und überfiel die Stadt unversehens. Als die Mannschaften auf den Mauern vertrieben waren und die Einnahme der Stadt schließlich erfolgte, flüchtete sich Menelaus in die Burg;

6 Jason aber richtete erbarmungslos ein Blutbad unter seinen eigenen Mitbürgern an, ohne zu bedenken, daß ein Sieg über Mitbürger das größte Unglück sei; er wähnte vielmehr, Siegeszeichen über Feinde und nicht über Volksgenossen davonzutragen.

7 Dennoch gewann er die Herrschaft nicht, sondern trug als Lohn für seinen Anschlag nur Schande davon und mußte als Flüchtling wieder ins Ammoniterland abziehen.

8 Nun erreichte ihn das Ende seines frevelhaften Tuns. Bei Aretas, dem arabischen Häuptling, verklagt (oder gefangen gehalten?), floh er von Stadt zu Stadt, von allen verfolgt und als ein vom Gesetz Abtrünniger verabscheut und als Henker seines Vaterlandes und seiner Mitbürger verflucht. So wurde er nach Ägypten vertrieben,

9 und er, der so viele andere aus ihrem Vaterlande verjagt hatte, fand selbst in einem fremden Lande seinen Untergang. Er hatte sich nämlich zu den Lacedämoniern begeben in der

Hoffnung, bei ihnen als bei Stammverwandten Schutz zu finden;

10 und er, der so viele unbegraben hatte hinwerfen lassen, blieb selbst unbetrauert und erhielt keinerlei liebevolle Bestattung und kein Grab bei seinen Vätern.

Antiochus plündert den Tempel

11 Als aber dem Könige die Kunde von dem, was (in Jerusalem) vorgegangen war, zu Ohren kam, meinte er, Judäa wolle abfallen. Er brach daher aus Ägypten auf mit tierischer Wut im Herzen, nahm die Stadt mit Waffengewalt ein

12 und befahl seinen Kriegern, schonungslos alle niederzumachen, die ihnen in die Hände fielen, ja auch alle abzuschlachten, die in ihrem Hause auf das Dach hinaufgegangen seien.

13 So erfolge denn ein Gemetzel von Jünglingen und Greisen, ein Morden von Männern, Weibern und Kindern, ein Abschlachten von Jungfrauen und Säuglingen.

14 80.000 Menschen gingen im Verlauf von nur drei Tagen zugrunde, nämlich 40.000 durch Niedermetzelung, und ebensoviele wurden als Sklaven verkauft.

15 Und damit noch nicht zufrieden, hatte er die Frechheit, in den Tempel einzudringen, in diesen allerheiligsten Ort der Welt, wobei ihm Menelaus als Führer diente, der zum Verräter am Gesetz und am Vaterlande geworden war.

16 Er nahm dort mit seinen unreinen Händen die heiligen Geräte weg und raffte die Weihgeschenke, die von anderen Königen zur Verherrlichung und Ehre der Stätte gestiftet worden waren, mit seinen unheiligen Händen zusammen.

17 In der Dünkelhaftigkeit seines Herzens bedachte Antiochus nicht, daß Gott, der Herr, den Bewohnern der Stadt wegen ihrer Sünden für kurze Zeit zürnte und nur deshalb der Stätte eine Entweihung widerfahren war.

18 Wäre es nämlich nicht der Fall gewesen, daß der Ort in vielen Übertretungen befangen war, so würde, ganz wie der vom Könige Seleukus zur Besichtigung der Schatzkammer entsandte Heliodorus, so jetzt auch Antiochus für sein Eindringen sofort mit Geißelhieben gezüchtigt und von seiner Vermessenheit abgebracht worden sein.

19 Aber nicht um des Ortes willen hatte der Herr das Volk, sondern um des Volkes willen hat er den Ort erwählt.

20 Deswegen hat auch der Ort selbst, nachdem er bei den Mißgeschicken des Volkes mitgelitten hatte, nachmals an den Segnungen des Herrn teilgenommen; und während er damals, solange der Zorn des Allmächtigen dauerte, verlassen war, wurde er, als der große Herrscher sich mit seinem Volke versöhnt hatte, wieder in voller Herrlichkeit zu Ehren gebracht.

21 Nachdem nun Antiochus 1800 Talente aus

dem Tempel an sich genommen hatte, kehrte er in aller Eile nach Antiochien zurück und war in seinem Hochmut überzeugt, das Land schiffbar und das Meer gangbar machen zu können: solche Selbstüberhebung lebte in seinem Herzen!

22 Er ließ aber auch Aufseher zurück, die das Volk mißhandeln sollten, nämlich in Jerusalem den Philippus, der seiner Abkunft nach ein Phrygier war, aber seiner Sinnesart nach noch grausamer als sein Herr, der ihn eingesetzt hatte;

23 ferner in Garizim den Andronikus und neben diesen den Menelaus, der sich am schlimmsten, noch hochmütiger als die anderen, gegen die Bürger benahm und gegen seine jüdischen Mitbürger geradezu feindselig gesinnt war.

24 Er schickte auch den Erzbösewicht Apollonius (als Obersteuerreheber) mit einem Heere von 22.000 Mann ins Land, mit dem Befehl, alle Erwachsenen niederzumachen, die Weiber und Kinder aber als Sklaven zu verkaufen.

25 Dieser Mann trug nach seiner Ankunft in Jerusalem die Miene des Friedfertigen zur Schau und hielt bis zum heiligen Sabbattage an sich, ließ dann aber, da er die Juden in der Feier des Ruhetages antraf, seine Leute unter die Waffen treten

26 und alle, die zum Gottesdienst

herausgekommen waren, zusammen niedermachen; darauf stürmte er mit den Waffen in die Stadt hinein und streckte eine große Menge Leute tot nieder.

27 Judas Makkabäus aber war mit neun anderen in die Wüste entwichen und lebte dort mit den Seinen nach Art der wilden Tiere in den Bergen; sie fristeten ihr Leben ununterbrochen mit Pflanzenkost, um sich nicht wie die anderen beflecken zu müssen.

II. Zweiter Teil:
Antiochus Epiphanes sucht das Judentum auszurotten

6. Kapitel

1 Nicht lange nachher sandte der König einen alten Athener, um die Juden zu zwingen, von den väterlichen Sitten abzufallen und nicht mehr nach den Gesetzen Gottes zu leben;

2 auch sollte er den Tempel zu Jerusalem entweihen und ihn nach dem Olympischen Zeus benennen, und ebenso den Tempel zu Garizim nach dem Gastlichen Zeus, wie das ja der gastfreundlichen Art der Ortsbewohner entspräche.

3 Diese Steigerung der Bosheit war selbst für das gewöhnliche Volk unerträglich und widerwärtig;

4 denn der Tempel war jetzt angefüllt mit Schwelgerei und Gelagen durch die Heiden, die dort mit Buhlerinnen Unzucht trieben und in den heiligen Vorhöfen sich mit Weibern abgaben, dazu auch vielerlei ungebührliche Dinge hineinschafften.

5 Der Brandopferaltar wurde mit unzulässigen, vom Gesetz verbotenen Opfern beladen,

6 und weder fand eine Sabbatfeier statt, noch die Beobachtung der herkömmlichen Feste; ja, es war sogar unstatthaft, sich äußerlich zum Judentum zu bekennen.

7 Dagegen trieb man sie mit roher Gewalt alle Monate, wenn der Geburtstag des Königs gefeiert wurde, zum Opferschmause; und bei der Feier des Bakchusfestes sahen die Juden sich gezwungen, mit Epheu bekränzt am Festzuge zu Ehren des Bakchus teilzunehmen.

8 Auf Betreiben des Ptolemäus erging auch ein Befehl an die benachbarten griechischen Städte, daß sie das gleiche Verfahren gegen die Juden beobachten und sie zur Teilnahme an den Opferschmäusen zwingen sollten;

9 alle aber, die den Übertritt zum Griechentum verweigerten, die solle man hinrichten. Da konnte man nun sehen, welch ein Elend damals herrschte.

10 Zwei Frauen z.B. wurden vorgeführt, die ihre

Söhne beschnitten hatten; man hängte ihnen nun die Kindlein an die Brüste, führte sie dann öffentlich durch die Stadt und stürzte sie schließlich von der Mauer hinab.

11 Andere, die in nahe gelegene Höhlen zusammengelaufen waren, um den siebenten Tag heimlich zu begehen, wurden dem Philippus verraten und zusammen verbrannt; sie hatten Scheu gehegt, sich bei der Würde des hochheiligen Tages zu verteidigen.

Erbauliche Betrachtung und Ermahnung des Schriftstellers

12 Ich ermahne nun alle, denen dies Buch in die Hände kommen mag, sich durch diese Unglücksfälle nicht erschrecken zu lassen, sondern diese Strafgerichte zu betrachten als Zuchtmittel für unser Volk, nicht als zu dessen Vernichtung bestimmt;

13 denn darin, daß die Gottlosen nicht lange Zeit ungestraft bleiben, sondern gar bald der Vergeltung anheimfallen, liegt für uns ein Zeichen großer (göttlicher) Gnade.

14 Denn nicht so, wie der Herr in seiner Langmut bei den anderen Völkern mit der Strafe so lange wartet, bis sie das Maß ihrer Sünden vollgemacht haben, hatte der Herr beschlossen, auch mit uns zu verfahren,

15 damit er nicht, wenn wir den Höhepunkt der Sündhaftigkeit erreicht hätten, dann zuletzt das

Strafgericht an uns vollzöge.

16 Darum entzieht er uns niemals sein Erbarmen, und mag er uns auch durch Unglück züchtigen, so verläßt er doch sein Volk niemals.

17 Doch zur Ermahnung sei dies uns gesagt; und nun müssen wir nach dieser kurzen Abschweifung wieder zu unserer Erzählung zurückkehren.

Eleasars Märtyrertod

18 Eleasar, einer der vornehmsten Schriftgelehrten, ein hochbejahrter, aber ungewöhnlich schöner Mann, wurde gezwungen, mit gewaltsam aufgesperrtem Munde Schweinefleisch zu essen.

19 Da er aber einen rühmlichen Tod einem Leben in Schande vorzog, spie er das Fleisch wieder aus und schritt dann freiwillig zur Marterbank hin,

20 wie es allen denen zu tun geziemt, die den Mut besitzen, ohne Rücksicht auf ihre starke Liebe zum Leben sich des Genusses verbotener Kost zu enthalten.

21 Diejenigen aber, welche zu Aufsehern über den gottlosen Opferschmaus bestellt worden waren, nahmen diesen Mann, den sie seit langer Zeit kannten, beiseite und redeten ihm zu, er möge sich Fleisch bringen lassen, dessen Genuß ihm erlaubt sei und das er selbst sich zubereitet habe, indem er sich stellte, als äße er

das vom Könige verordnete Opferfleisch,

22 damit er auf diese Weise dem Tode entginge und wegen der alten Freundschaft mit ihnen eine menschenfreundliche Behandlung erführe.

23 Er aber faßte einen edlen Entschluß, wie er seiner Jahre würdig war und der Würde seines hohen Alters und des herrlichen grauen Haares, das ihn schmückte, und des tugendhaften Wandels, den er von Jugend auf geführt hatte, vornehmlich aber in Übereinstimmung stand mit dem heiligen, von Gott gestifteten Gesetz, und gab sofort die Erklärung ab, man möge ihn in die Unterwelt schicken.

24 'Denn', sagte er, 'es wäre meines Alters unwürdig zu heucheln, weil dadurch viele von den jüngeren Leuten, in der Meinung, der neunzigjährige Eleasar sei zum Heidentum übergetreten,

25 ebenfalls wegen meiner Heuchelei und im Hinblick auf die Kürze und Vergänglichkeit des Lebens durch meine Schuld verführt würden; ich würde ja dadurch meinem hohen Alter sicherlich Schimpf und Schande zuziehen.

26 Denn wenn ich mich auch für den Augenblick der Bestrafung durch Menschen entzöge, so könnte ich doch den Händen des Allmächtigen weder lebend noch tot entgehen.

27 Darum will ich jetzt mannhaft das Leben lassen und mich meines Alters würdig erweisen,

28 und will dadurch den jüngeren Leuten ein

edles Beispiel hinterlassen, wie man freudig und hochherzig für die ehrwürdigen und heiligen Gesetze einen ehrenvollen Tod erleiden soll'. Nach diesen Worten schritt er sofort zu dem Marterwerkzeug hin.

29 Da nun die Männer, die ihn abführten, das eben noch ihm bewiesene Wohlwollen in Übelwollen umschlagen ließen, weil sie die soeben von ihm ausgesprochenen Worte für Torheit hielten,

30 sprach er, als er unter ihren Schlägen dem Tode nahe war, mit einem Seufzer noch die Worte aus: 'Dem Herrn, der das heilige Wissen besitzt, dem ist es wohlbekannt, daß ich vom Tode hätte loskommen können und daß ich an meinem Leibe zwar die grausamen Schmerzen der Geißelung erdulde, in meinem Geiste aber dieses gern aus Ehrfurcht vor ihm ertrage'.

31 So starb dieser Mann, indem er nicht nur den jüngeren Leuten, sondern auch der Mehrzahl des Volkes seinen Tod als ein Beispiel edler Gesinnung und als ein Denkmal seiner Seelenstärke hinterließ.

7. Kapitel

Der Märtyrertod der sieben Brüder und ihrer Mutter

1 Es begab sich auch, daß sieben Brüder samt

ihrer Mutter ergriffen wurden und vom Könige gezwungen werden sollten, von dem durch das Gesetz verbotenen Schweinefleisch zu essen, indem sie mit Geißeln und Riemen gepeitscht wurden.

2 Der eine aber von ihnen nahm das Wort für die anderen und sagte: 'Was willst du von uns erfragen und erfahren? Wir sind ja doch bereit, lieber zu sterben, als die väterlichen Gesetze zu übertreten'.

3 Da befahl der König, außer sich vor Zorn, Pfannen und Kessel glühend zu machen.

4 Als das geschehen war, ließ er sofort dem, der als ihr Wortführer aufgetreten war, die Zunge ausschneiden, ihm die Kopfhaut abziehen und die Hände und Füße abhauen, wobei die übrigen Brüder und die Mutter zusehen mußten.

5 Den so ganz Verstümmelten, aber noch Lebenden, ließ er dann ans Glutfeuer bringen und in der Pfanne braten. Während aber der Dampf sich aus der Pfanne weithin verbreitete, ermahnten sie sich untereinander samt der Mutter, mutig zu sterben, indem sie sagten:

6 'Gott der Herr sieht es und erbarmt sich unser gewißlich, wie Mose es in seinem rückhaltlos gegen Israel gerichteten Liede klar mit den Worten ausgesprochen hat (5.Mose 32,36): ›Über seine Diener wird er sich erbarmen‹'.

7 Als nun der erste auf diese Weise den Tod erlitten hatte, führte man den zweiten zur Marter, und nachdem man ihm die Haut samt den

Haaren vom Kopfe abgerissen hatte, fragte man ihn: 'Willst du essen, ehe dir der Leib Glied für Glied gemartert wird?'

8 Als er in seiner Muttersprache mit 'Nein!' geantwortet hatte, erlitt er die gleichen Qualen der Reihe nach wie der erste.

9 Als er dann in den letzten Zügen lag, rief er: 'Du, Verfluchter, nimmst uns jetzt zwar das zeitliche Leben, aber der König der Welt wird uns, die wir für sein Gesetz sterben, zu ewigem Leben wieder auferstehen lassen!'

10 Nach diesem wurde der dritte gemartert, und als man die Zunge von ihm verlangte, streckte er sie sogleich heraus und hielt die Hände mutig hin;

11 darauf sagte er mannhaft: 'Vom Himmel habe ich diese Glieder empfangen; ich gebe sie hin um seines Gesetzes willen, und vom Himmel hoffe ich sie wieder zu erhalten',

12 so daß selbst der König und seine Umgebung über den Mut dieses Jünglings staunten, der die Schmerzen für nichts achtete.

13 Als dieser nun den Tod erlitten hatte, marterte und peinigte man den vierten auf dieselbe Weise.

14 Als es dann mit ihm zum Sterben ging, rief er aus: 'Es ist trostreich, wenn man durch die Hand der Menschen stirbt, sich an Gottes Verheißungen zu halten und zu hoffen, von ihm wieder auferweckt zu werden; dir jedoch wird keine Auferstehung zum Leben zuteil werden!'

15 Gleich darauf führten sie den fünften herbei und begannen ihn zu martern.

16 Er aber blickte den König an und sagte: 'Unter den Menschen besitzest du Macht, und obgleich sterblich, tust du, was du willst; bilde dir aber nicht ein, daß unser Volk von Gott verlassen sei.

17 Warte nur! du wirst seine große Macht erfahren, wie er dich und dein Geschlecht strafen wird!'

18 Nach diesem führten sie den sechsten herbei, der sterbend ausrief: 'Gib dich keinem eitlen Irrtum hin! Wir (Juden) leiden so durch eigene Schuld, weil wir gegen unsern Gott gesündigt haben; darum sind so befremdliche Dinge eingetreten.

19 Rechne du aber nicht darauf, ungestraft zu bleiben, nachdem du gewagt hast, gegen Gott zu streiten!'

20 Ganz besonders bewundernswert aber und eines ruhmvollen Andenkens würdig war die Mutter, welche sieben Söhne an einem Tage sterben sehen mußte und diese Heimsuchung mutvoll ertrug, weil sie ihre ganze Hoffnung auf Gott setzte.

21 Jedem von ihnen sprach sie in der Landessprache Mut zu, voll edler Gesinnung; und, indem sie weibliche Gemütsart durch männlichen Mut zu voller Wirkung brachte, sagte sie zu ihnen:

22 'Ich weiß nicht, wie ihr in meinem Leibe zur

Entstehung gekommen seid, und nicht ich bin es gewesen, die euch den Odem und das Leben gegeben hat, und nicht ich habe die Bestandteile eines jeden von euch kunstvoll zusammengefügt.

23 Darum wird auch der Schöpfer der Welt, der des Menschen Entstehung gewirkt und den Ursprung aller Dinge geschaffen hat, euch nach seiner Barmherzigkeit den Odem und das Leben wiedergeben, weil ihr euch heute opfert um seiner Gesetze willen'.

24 Da nun Antiochus meinte, er werde von ihr verachtet, und den Argwohn hegte, sie schmähe ihn in ihrer Sprache, so redete er dem Jüngsten, der allein noch übrig war, nicht nur mit freundlichen Worten zu, sondern versicherte ihm sogar mit einem Eid, er wolle ihn reich und glücklich machen, wenn er vom Gesetz seiner Väter abfiele, ja, er wolle ihn unter die Zahl seiner Freunde aufnehmen und ihm Staatsämter anvertrauen.

25 Als aber der Jüngling darauf gar nicht achtete, ließ der König die Mutter rufen und forderte sie auf, ihrem Kinde einen guten Rat zu geben, damit er am Leben bliebe.

26 Da er sehr in sie drang, versprach sie endlich, ihren Sohn zu überreden,

27 neigte sich zu ihm und redete ihn in der Landessprache in der Weise an, daß sie den grausamen Tyrannen verhöhnte: 'Mein Sohn, erbarme dich meiner! Ich habe dich neun

Monate lang unter meinem Herzen getragen und dich drei Jahre lang gesäugt, habe dich dann ernährt, gepflegt und bis zu deinem jetzigen Alter aufgezogen.

28 Ich bitte dich, mein Kind, erhebe deine Augen, schaue den Himmel an, die Erde und alles, was darauf ist, bedenke, daß Gott dies alles aus dem Nichts erschaffen hat und wie er dies auch mit dem Menschengeschlechte getan hat.

29 Fürchte dich nicht vor diesem Henker, sondern erweise dich deiner Brüder würdig! Dulde den Tod, damit ich dich am Tage des Erbarmens mit deinen Brüdern wiedergewinne!"

30 Während sie noch zu ihm redete, sagte der Jüngling: 'Worauf wartet ihr noch? Ich gehorche dem Befehle des Königs nicht; ich gehorche dem Gesetz, das unseren Vätern durch Mose gegeben worden ist.

31 Du aber, der du alle diese Grausamkeiten gegen die Hebräer ausgedacht hast, wähne nicht, den Händen Gottes entrinnen zu können!

32 Wir nämlich leiden um unserer eigenen Sünden willen;

33 wenn nun auch der lebendige Gott, um uns zu strafen und zu bessern, uns für kurze Zeit zürnt, so wird er sich doch mit seinen Dienern wieder versöhnen.

34 Du aber, verruchter und abscheulichster aller Menschen, laß dich nicht in deinem Trotz durch eine eitle Hoffnung täuschen, wenn du

deine Hand gegen die himmlischen Diener erhebst.

35 Du bist der Rache des Allmächtigen noch nicht entgangen, der alles sieht.

36 Denn unsere Brüder sind jetzt, nachdem sie eine kurze Qual erduldet haben, des ewigen Lebens, der Bundesverheißung Gottes, teilhaftig geworden; du aber wirst, von Gott gerichtet, durch gerechte Strafe für deinen Übermut büßen.

37 Ich gebe jetzt, ebenso wie meine Brüder, Leib und Leben für unsere väterlichen Gesetze dahin, indem ich Gott anrufe, er wolle sich bald seinem Volke wieder gnädig erweisen und dich durch Qualen und Martern zu dem Bekenntnis bringen, daß er allein Gott sei.

38 Der Allmächtige wolle auch geben, daß sein Zorn, der über unser ganzes Volk mit Recht ergangen ist, bei mir und meinen Brüdern zur Ruhe komme!'

39 Außer sich vor Zorn, behandelte der König diesen noch grausamer als die anderen, weil er durch dessen Verhöhnung erbittert war;

40 und so starb auch dieser im vollen Vertrauen auf den Herrn, ohne sich verunreinigt zu haben.

41 Zuletzt, nach ihren Söhnen, wurde auch die Mutter hingerichtet. Soviel sei mitgeteilt über die Opferschmäuse und die gräuelvollen Martern.

III. Dritter Teil:
Siegreiche Kämpfe unter Judas Makkabäus bis zum Tode des Antiochus Epiphanes

8. Kapitel

1 Judas Makkabäus aber und seine Genossen begaben sich auf Nebenwegen heimlich in die Ortschaften, ermutigten ihre Landsleute, nahmen diejenigen mit sich, welche dem Judentum treu geblieben waren, und brachten so ungefähr 6000 Mann zusammen.

2 Sie riefen den Herrn an, er wolle sein von allen zertretenes Volk gnädig ansehen, sich des von den Heiden entweihten Tempels erbarmen;

3 auch der zugrunde gehenden Hauptstadt möge er sich annehmen, die bald gänzlich dem Erdboden gleichgemacht werden solle; er wolle auch das zu ihm schreiende Volk erhören

4 und der ungerechten Ermordung unschuldiger Kinder gedenken, auch die gegen seinen Namen ausgestoßenen Lästerungen bestrafen und seinen Haß gegen alles Böse offen an den Tag legen.

5 Sobald der Makkabäer seine Schar beisammen hatte, wurde er für die Heiden unüberwindlich, weil der Zorn des Herrn sich in Erbarmen verwandelt hatte.

6 Unversehens überfiel er Städte und Dörfer und zündete sie an; die Orte, die ihm gelegen in den Wurf kamen, nahm er ein, besiegte die Feinde in nicht geringer Zahl und trieb sie in die Flucht.

7 Er wählte hauptsächlich die Nächte zum Behuf solcher Unternehmungen, und der Ruf von seiner Tapferkeit verbreitete sich überallhin.

Der Sieg über Nikanor,
Timotheus und Bakchides

8 Als nun Philippus sah, daß der Mann in kurzer Zeit solche Fortschritte machte und daß seine Erfolge im Kriege immer größer wurden, schrieb er an Ptolemäus, den Statthalter von Cölesyrien und Phönizien, um ihn aufzufordern, für die Sache des Königs einzutreten.

9 Dieser wählte sofort den Nikanor des Patroklus Sohn, einen der vornehmsten Vertrauten des Königs, übergab ihm den Befehl über ein Heer von wenigstens 20.000 Mann aus allen Volksstämmen, um das jüdische Volk auszurotten. Zum Gehilfen gab er ihm einen gewissen Gorgias, einen erprobten Kriegsobersten.

10 Nikanor gedachte nun aus dem Verkauf gefangener Juden den vollen Betrag von 2000 Talenten aufzubringen, die der König als Tribut den Römern zu zahlen hatte.

11 Er schickte daher ohne Verzug Boten in die

Seestädte und ließ dort zum Ankauf jüdischer Sklaven auffordern, indem er versprach, je neunzig Stück für ein Talent abzugeben; er ahnte die Strafe nicht, die ihn bald vom Allmächtigen treffen sollte.

12 Als nun die Kunde vom Anmarsch Nikanors an Judas gelangte und er seinen Leuten Mitteilung vom Anzuge des Heeres gemacht hatte,

13 da liefen die Feigherzigen und diejenigen, denen das Vertrauen auf Gottes Gerechtigkeit fehlte, davon und brachten sich anderswo in Sicherheit.

14 Die anderen aber verkauften alles, was sie an Habe noch besaßen, und baten zugleich den Herrn, er möge sie retten, die der gottlose Nikanor schon vor dem Kampfe verkauft hätte;

15 und wenn er es nicht um ihretwillen tun wolle, so möge er es doch um der Bündnisse willen tun, die er mit ihren Vätern geschlossen hätte, und um seines ehrwürdigen und hochherrlichen Namens willen, nach dem sie genannt seien.

16 Als nun Makkabäus seine Leute versammelt hatte – es waren ihrer 6000 – ermahnte er sie, vor dem Feinde sich nicht zu fürchten und sich nicht erschrecken zu lassen durch die große Zahl der Heiden, die wider alles Recht gegen sie heranzögen, sondern tapfer zu kämpfen,

17 indem sie des frevelhaften Übermuts gedächten, der an der heiligen Stätte verübt

worden sei, und der Mißhandlungen, welche die verhöhnte Stadt hätte erdulden müssen, und außerdem der Abschaffung ihrer von den Vorfahren überlieferten Verfassung.

18 'Sie', sagte er, 'verlassen sich auf ihre Waffen und auch auf ihre Kühnheit, wir aber setzen unser Vertrauen auf den allmächtigen Gott, der die gegen uns Heranziehenden und die ganze Welt mit einem Winke vernichten kann'.

19 Er erinnerte sie auch an die wunderbaren Hilfeleistungen, die ihren Vorfahren zuteil geworden seien, und wie die 185.000 Mann unter Sanherib zugrunde gegangen wären,

20 und an die Schlacht, die in Babylonien den Galliern geliefert worden sei, wo im ganzen nur 8000 Juden mit 4000 Mazedoniern gegen jene kämpften, und wo die 8000, als die Mazedonier in Bedrängnis waren, 120.000 Feinde unter dem Beistand des Himmels erschlugen und reiche Beute machten.

21 Nachdem er ihnen so Mut gemacht hatte und sie bereit waren, für Gesetz und Vaterland zu sterben, teilte er seine Schar in vier Abteilungen.

22 Er setzte auch seine Brüder Simon, Joseph und Jonathan zu Anführern je einer Abteilung ein, indem er jedem von ihnen 1500 Mann zuwies;

23 ferner ließ er den Eleasar die heilige Schrift vorlesen, gab die Losung aus: 'Mit Gottes Hilfe!', stellte sich dann selbst an die Spitze der ersten Abteilung und griff den Nikanor an.

24 Und da der Allmächtige mit seiner Hilfe bei ihnen war, machten sie von den Feinden mehr als 9000 nieder, verwundeten und verstümmelten den größten Teil der Leute Nikanors und zwangen sie alle zur Flucht.

25 Den Männern, die zum Ankauf der von ihnen in Gefangenschaft Geratenen gekommen waren, nahmen sie das Geld ab, verfolgten dann die Fliehenden weithin und standen erst davon ab, als die Stunde sie dazu zwang;

26 es war nämlich der Tag vor dem Sabbat; aus diesem Grunde setzten sie die Verfolgung der Fliehenden nicht länger fort.

27 Nachdem sie noch die Waffen aufgelesen und die Beute den Feinden abgenommen hatten, feierten sie den Sabbat, priesen und segneten den Herrn von ganzem Herzen, der sie diesen Tag hatte erleben lassen und wieder angefangen hatte, ihnen seine Gnade zuzuwenden.

28 Nach dem Sabbat teilten sie von der Beute den Geplünderten, sowie den Witwen und Waisen mit, das Übrige verteilten sie unter sich und ihre Kinder.

29 Nachdem sie dies zur Ausführung gebracht hatten, hielten sie ein gemeinsames Gebet ab und baten den barmherzigen Herrn, er wolle sich völlig mit seinen Knechten versöhnen.

30 Auch im Kampfe mit den Heerscharen des Timotheus und Bakchides erschlugen sie mehr als 20.000 Mann und bemächtigten sich auch

überaus stark befestigter Plätze; sodann verteilten sie die ungewöhnlich reiche Beute, indem sie gleichgroße Teile für sich und für die durch die Verfolgung Geschädigten, sowie für die Witwen und Waisen, dazu auch noch für die alten Personen herstellten.

31 Die Waffen, welche sie zusammengelesen hatten, legten sie sorgfältig an geeigneten Orten nieder; die übrige Beute brachten sie nach Jerusalem.

32 Den Phylarches aber, einen Mann aus der Umgebung des Timotheus, töteten sie, einen ganz ruchlosen Mann, der den Juden viel Böses zugefügt hatte.

33 Als sie dann das Siegesfest in der Landeshauptstadt begingen, verbrannten sie den Kallisthenes und einige andere, die einst Feuer an die heiligen Tore gelegt und sich jetzt in ein kleines Haus geflüchtet hatten, so daß sie den wohlverdienten Lohn für ihre Gottlosigkeit empfingen.

34 Der Erzbösewicht Nikanor aber, der die tausend Handelsleute herbeigeführt hatte, damit er ihnen die Juden verkaufe,

35 er wurde mit des Herrn Hilfe von denen gedemütigt, die er so gering geschätzt hatte. Er legte sein Prachtgewand ab und kam einsam wie ein entlaufener Sklave mitten durch das Land nach Antiochien, tief betrübt über die Vernichtung seines Heeres;

36 und er, der sich vermessen hatte, durch den

Verkauf jüdischer Gefangener die Summe aufzubringen, welche nötig war, um den Tribut an die Römer zu zahlen, der mußte jetzt verkünden, daß die Juden einen Gott hätten, der für sie streite, und daß die Juden aus dem Grunde unüberwindlich seien, weil sie die ihnen verordneten Gesetze beobachteten.

9. Kapitel

Das schreckliche Ende des Antiochus IV.

1 Um diese Zeit begab es sich, daß Antiochus seinen unrühmlichen Rückzug aus den zu Persien gehörenden Ländern angetreten hatte.

2 Er war nämlich nach der Stadt namens Persepolis gezogen in der Absicht, den dortigen Tempel zu plündern und die Stadt zu behalten. Als nun infolgedessen die Einwohner sich in Menge erhoben und entschlossen zu den Waffen griffen, begab es sich, daß der König von den Eingeborenen geschlagen wurde und einen schimpflichen Rückzug antreten mußte.

3 Als er dann in Ekbatana war, traf die Meldung bei ihm ein, wie schlimm es dem Nikanor und dem Heere des Timotheus ergangen sei.

4 Dadurch in Wut versetzt, nahm er sich vor, die Juden den Schimpf, den sie ihm durch seine Besiegung angetan hatten, entgelten zu lassen, und befahl daher seinem Wagenlenker, ohne

Rast zu jagen und die Fahrt zu Ende zu bringen, während doch das Strafgericht vom Himmel her bereits über seinem Haupte schwebte. Denn so hatte er in seinem Übermut gesprochen: 'Zum Totenacker der Juden will ich Jerusalem machen, wenn ich dorthin komme!'

5 Aber der Herr, der alles sieht, der Gott Israels, schlug ihn mit einer unsichtbaren und unheilbaren Krankheit. Kaum hatte er zu reden aufgehört, so wurde er von unerträglichen Schmerzen in den Gedärmen ergriffen und von grausamen Qualen im Leibe,

6 ganz mit Recht; er hatte ja andere Leute viele und unerhörte Martern im Inneren erdulden lassen.

7 Dennoch ließ er seinen maßlosen Stolz keineswegs fahren, sondern war immer noch voller Hochmut und schnaubte Feuer und Flammen in seiner Wut gegen die Juden und befahl, die Fahrt zu beschleunigen. Da geschah es, daß sein Wagen, der sausend dahinrollte, umschlug, so daß er einen schweren Fall tat, durch den alle seine Glieder verrenkt wurden;

8 und der Mann, der soeben in seinem übermenschlichen Hochmut gemeint hatte, den Wellen des Meeres gebieten und die hohen Berge auf der Wagschale wägen zu können, war jetzt, zu Boden geworfen, in die Notlage versetzt, sich in einer Sänfte tragen zu lassen, für alle ein klarer Beweis der Macht Gottes.

9 Es kam so weit, daß aus dem Leibe dieses

gottlosen Menschen Würmer in Menge hervorwuchsen und ihm bei lebendigem Leibe das Fleisch stückweise unter grausamen Schmerzen abfiel und das ganze Heer von dem unerträglichen Gestank der Fäulnis belästigt wurde.

10 Und ihn, der jüngst noch wähnte, die Sterne am Himmel erreichen zu können den konnte jetzt niemand mehr tragen wegen der unerträglichen Beschwerde des Gestanks.

11 Jetzt endlich fing der schwer Geplagte an, den größten Teil seines Hochmuts fahren zu lassen und zu richtiger Erkenntnis zu kommen, da er durch die Rute Gottes von Schmerzen gemartert wurde, die jeden Augenblick zunahmen.

12 Und als er selbst den Gestank nicht mehr ertragen konnte, da erklärte er: 'Es ist recht, daß man sich Gott unterwirft und als sterblicher Mensch sich nicht vermißt, Gott gleich zu stehen'.

13 Nun betete der Verruchte zu dem Herrn, der sich seiner nicht mehr erbarmen wollte, und gelobte,

14 er wolle die heilige Stadt, auf die er loseilte, um sie dem Erdboden gleich zu machen und in einen Totenacker für die Juden umzuwandeln, für frei erklären

15 und wolle die Juden, die er doch nicht einmal eines Begräbnisses für wert gehalten, vielmehr samt ihren Kindern den wilden Tieren

und Raubvögeln zum Fraß hinzuwerfen beschlossen hatte, ebenso frei machen wie die Bürger von Athen.

16 Weiter gelobte er, den heiligen Tempel, den er doch vormals geplündert hatte, mit den schönsten Weihgeschenken zu schmücken und alle heiligen Gefäße vielfach vermehrt wiederzuerstatten und aus eigenen Mitteln die Kosten zu den Opfern herzugeben;

17 ja, er wolle selbst ein Jude werden und in der ganzen Welt herumreisen, um die Macht Gottes zu verkünden.

18 Da aber die Schmerzen durchaus nicht nachließen, weil das gerechte göttliche Strafgericht über ihn gekommen war, und er alle Hoffnung auf Genesung aufgab, schrieb er an die Juden den hier beigefügten Brief, der als eine Abbitte gelten kann und folgendermaßen lautete:

19 'Der König und Kriegsherr Antiochus wünscht den wackeren Juden, seinen Mitbürgern, viel Heil, Gesundheit und Wohlergehen.

20 Wenn ihr nebst euren Kindern euch wohl befindet und eure Angelegenheiten euch nach Wunsch gehen, so sage ich Gott den größten Dank dafür und setze meine Hoffnung auf den Himmel.

21 Was aber mich betrifft, so liege ich hier krank danieder; eurer Achtung und Zuneigung gedenke ich in Liebe. Da ich bei meiner

Rückkehr aus den persischen Landen in eine schwere Krankheit gefallen bin, so halte ich es für notwendig, für die allgemeine Wohlfahrt zu sorgen.

22 Zwar verzweifle ich noch nicht an meinem Aufkommen, ich habe vielmehr gute Hoffnung, von dieser Krankheit zu genesen.

23 Indessen, da ich in Betracht ziehe, daß auch mein Vater, als er seinen Feldzug nach den oberen Gegenden unternahm, seinen Nachfolger bezeichnet hat,

24 damit im Falle eines unerwarteten Ereignisses oder bei einer schlimmen Nachricht die Einwohner wüßten, an wen die Regierung übergehen solle, und nicht in Unruhe gerieten,

25 und da ich auch bemerke, daß die benachbarten und an unser Reich angrenzenden Herrscher auf den günstigen Augenblick warten, bis sie erfahren, wie es mit mir abgelaufen sei, so bezeichne ich hiermit als König meinen Sohn Antiochus, den ich schon oft bei Gelegenheiten meiner Heerzüge in die oberen Provinzen den meisten von euch anvertraut und empfohlen habe. Ich habe an ihn den beigefügten Brief geschrieben.

26 Ich bitte euch also inständig, daß ihr euch der Wohltaten erinnern wollt, die ich euch sowohl im allgemeinen als im besonderen erwiesen habe, und daß ihr allesamt mir und meinem Sohne euer Wohlwollen weiterhin bewahrt;

27 denn ich bin überzeugt, daß er meine Grundsätze befolgen und mit euch gütige und freundliche Verhältnisse unterhalten wird'.
28 So endigte dieser Menschenmörder und Gotteslästerer sein Leben in schrecklichen Leiden, wie er selbst sie anderen zugefügt hatte, in einem fremden Lande, im Gebirge, durch einen jammervollen Tod.
29 Sein Jugendfreund Philippus besorgte seine Bestattung; da dieser aber den Sohn des Antiochus fürchtete, begab er sich nach Ägypten zu Ptolemäus Philometor.

10. Kapitel

Rückeroberung und Wiedereinweihung des Tempels

1 Der Makkabäer aber und seine Genossen nahmen unter der hilfreichen Führung des Herrn die Hauptstadt und den Tempel wieder in Besitz
2 und zerstörten die Altäre, welche die Heiden auf dem Marktplatze errichtet hatten, und beseitigten die Götzenhaine;
3 und nachdem sie den Tempel wieder geweiht hatten, erbauten sie einen anderen Altar; sie machten Steine glühend, denen sie Feuer entnahmen, und brachten ein Opfer dar, das erste nach einer Unterbrechung von zwei Jahren; auch richteten sie das Räucherwerk, den

Leuchter und die Schaubrote wieder her.

4 Nachdem das alles geschehen war, warfen sie sich zur Erde nieder und baten den Herrn, er wolle sie nicht mehr in solches Unglück geraten lassen, sondern sie gelinde züchtigen, wenn sie etwa sündigen sollten, und möge sie nicht wieder gottlästernden und rohen Heiden preisgeben.

5 Es traf sich aber, daß der Tag, an dem man die Tempelweihe vornahm, derselbe war, an welchem er von den Heiden entweiht worden war, nämlich der 25. Tag des Monats Kislev.

6 Dann feierten sie ein achttägiges Freudenfest nach Art der Laubhütten, indem sie sich erinnerten, wie sie noch kurz zuvor während des Laubhüttenfestes auf den Bergen und in Höhen gehaust hatten gleich wilden Tieren.

7 Darum trugen sie Efeustäbe und schöne Zweige, auch Palmen, und sangen Loblieder zu Ehren dessen, der es ihnen möglich gemacht hatte, den heiligen Ort zu reinigen.

8 Auch faßten sie den Beschluß und setzten namens der Gemeinde als Gesetz fest, daß das gesamte jüdische Volk jährlich diese Tage feiern solle.

9 Dies also war das Ende des Antiochus, der den Beinamen des Erlauchten führte.

IV. Vierter Teil:
Kriegstaten des Judas Makkabäus im Kampfe gegen Antiochus Eupator

10 Nunmehr aber wollen wir erzählen, was sich unter Antiochus Eupator dem Sohne jenes Gottlosen, zugetragen hat, doch so, daß wir die anhaltenden Leiden des Krieges kurz zusammenziehen.

11 Als dieser nämlich die Regierung antrat, ernannte er einen gewissen Lysias zum Reichsverweser (3), sowie zum obersten militärischen Befehlshaber in Cölesyrien und Phönizien;

12 denn Ptolemäus mit dem Beinamen Makron, der das Beispiel einer billigen Verwaltung in seinem Verhalten gegen die Juden gegeben hatte angesichts der Ungerechtigkeiten, die man gegen sie begangen hatte, und der friedlich mit ihnen auszukommen suchte,

13 war darum bei Eupator von dessen Vertrauten verklagt worden; und da man ihn bei jeder Gelegenheit einen Verräter nannte, weil er den Dienst Philometors verlassen, der ihm die Regierung der Insel Cypern anvertraut hatte, und zu Antiochus Epiphanes übergegangen war, so konnte er seine Amtsführung trotz seines

edlen Verfahrens nicht als eine edle erweisen und gab sich daher den Tod, indem er Gift nahm.

Judas Makkabäus erobert idumäische Festungen

14 Georgias, der sodann militärischer Befehlshaber in dieser Gegend wurde, nahm fremde Truppen in Sold und hielt überall den Krieg gegen die Juden im Gange.
15 Gleichzeitig machten auch die Idumäer, welche günstig gelegene Festungen innehatten, den Juden viel zu schaffen; sie nahmen diejenigen auf, welche aus Jerusalem vertrieben worden waren, und fingen fortwährend Feindseligkeiten an.
16 Makkabäus aber und seine Leute hielten eine Gebetsversammlung ab und stürmten, nachdem sie Gott um seinen Beistand im Kampf angerufen hatten, auf die Festungen der Idumäer los,
17 griffen sie mutig an und bemächtigten sich der festen Plätze, nachdem sie alle zurückgeschlagen hatten, die auf den Mauern kämpften. Sie hieben alles nieder, was ihnen in die Hände fiel, und brachten so an 20.000 Mann um.
18 Aber nicht weniger als 9000 Mann zogen sich in zwei außerordentlich starke Türme zurück, die mit allem versehen waren, was dazu

diente, eine Belagerung auszuhalten.

19 Der Makkabäer ließ nun den Simon und Joseph zurück, sowie den Zachäus mit seiner Abteilung, in genügender Zahl, um die Belagerung fortzusetzen; er selbst wandte sich gegen Orte, wo seine Anwesenheit dringend nötig war.

20 Simons Leute aber ließen sich aus Liebe zum Gelde von einigen in den Türmen Belagerten bestechen, erhielten 70.000 Drachmen und ließen eine Anzahl durchschlüpfen.

21 Sobald der Makkabäer davon Kunde erhielt, versammelte er die Hauptleute und machte ihnen Vorwürfe, daß sie ihre Brüder um Geld verkauft hätten, indem sie die Feinde zum Schaden des eigenen Volkes durchließen.

22 Er ließ diese also, die zu Verrätern geworden waren, hinrichten und hatte alsdann die beiden Türme bald in seiner Gewalt.

23 Überall glücklich, wo er die Waffen in die Hand nahm, erschlug er in diesen beiden Festungen mehr als 20.000 Mann.

Der Tod des Timotheus

24 Timotheus aber, der früher von den Juden besiegt worden war, brachte ausländische Truppen in großer Zahl zusammen, auch Reiterei aus Asien in Menge, und rückte gegen Judäa, um es mit Waffengewalt zu erobern.

25 Als er heranzog, wandten sich die Leute des

Makkabäus mit Gebet an Gott, streuten sich Staub auf das Haupt, gürteten Trauergewänder um die Hüften

26 und warfen sich vor dem Altar nieder, um Gott zu bitten, er wolle ihnen gnädig sein als der Feind ihrer Feinde und als der Widersacher ihrer Gegner, wie das Gesetz es verheiße.

27 Nach dem Gebet ergriffen sie die Waffen, zogen zur Stadt hinaus eine weite Strecke und machten erst Halt, als sie den Feinden nahegekommen waren.

28 Bei Anbruch des Tages rückte man von beiden Seiten gegeneinander vor; die einen hatten als Bürgschaft für den Erfolg und den Sieg neben ihrem Mute noch ihr Gottvertrauen, die anderen dagegen ließen sich nur von ihrer Wut in den Kampf führen.

29 Als nun der Streit gewaltig geworden war, erschienen den Feinden vom Himmel her auf goldbezäumten Rossen fünf glänzende Reiter, von denen zwei sich an die Spitze der Juden stellten

30 und zwei den Makkabäer in die Mitte nahmen und ihn mit ihren Waffen deckten und vor jeder Verwundung schützten, während sie Pfeile und Blitze gegen die Feinde schleuderten, wodurch diese geblendet und verwirrt wurden und in Unordnung gerieten.

31 So wurden von ihnen 20.500 Mann nebst 600 Reitern niedergehauen.

32 Timotheus selbst flüchtete sich in einen sehr

festen Ort namens Gasara, dessen Befehlshaber Chäreas war.

33 Die Leute des Makkabäus belagerten nun die Festung mutig vier Tage lang,

34 während die Belagerten, die den Platz für uneinnehmbar hielten, sie verhöhnten und maßlos gottlose Reden ausstießen.

35 Aber bei Anbruch des fünften Tages stürzten zwanzig Jünglinge von den Leuten des Makkabäers, von Zorn wegen ihrer Lästerworte entbrannt, mannhaft auf die Mauer los und hieben mit Löwenmut alles nieder, was vor sie kam;

36 andere folgten ihnen, umgingen die Stadt und griffen die Belagerten von der anderen Seite an; sie legten Feuer an die Türme, zündeten Scheiterhaufen an und verbrannten die Lästerer lebendig; wieder andere schlugen die Tore ein, ließen das übrige Heer einziehen und eroberten so die Stadt.

37 Den Timotheus, der sich in einer Zisterne versteckt hatte, erschlugen sie samt seinem Bruder Chäreas und dem Apollophanes.

38 Als sie das alles vollbracht hatten, sangen sie Loblieder und Danklieder zu Ehren des Herrn, des großen Wohltäters Israels, der ihnen den Sieg verliehen hatte.

11. Kapitel

Judas Makkabäus besiegt Lysias

1 Ganz kurze Zeit nachher brachte Lysias, der Vormund und Vetter des Königs und Reichsverweser, voll Verdruß über das Vorgefallene

2 ein Heer von ungefähr 80.000 Mann zu Fuß nebst der ganzen Reiterei zusammen und zog zu Felde gegen die Juden in der Absicht, die Hauptstadt mit Griechen zu besiedeln,

3 den Tempel einer Abgabe zu unterwerfen, ganz wie die übrigen heidnischen Heiligtümer, und das Hohepriestertum zu einem jährlichen, käuflichen Amte zu machen.

4 Er bedachte dabei ganz und gar nicht die Macht Gottes, sondern trotzte in unsinniger Weise auf seine Zehntausende Fußvolks und seine Tausende von Reitern und seine 80 Elefanten.

5 Er fiel also in Judäa ein und zog nahe an Bethsura heran, einen festen Ort, der 150 Stadien von Jerusalem entfernt war, und schloß ihn ein.

6 Als nun die Leute des Makkabäers erfuhren, daß er die Festungen belagerte, wandten sie sich mit ihrem ganzen Volke an den Herrn unter Tränen und Wehklagen und baten ihn, einen guten Engel zu entsenden, um Israel zu retten.

7 Dann ergriff der Makkabäer, selber allen

voran, die Waffen und ermahnte die anderen, im Verein mit ihm den Gefahren zu trotzen und ihren Brüdern zu Hilfe zu eilen; und so brachen sie mutig auf.

8 Sie waren noch dort in der Nähe von Jerusalem, als ihnen ein Reiter in weißem Gewande erschien, der sich an ihre Spitze stellte, goldene Waffen schwingend.

9 Da priesen sie alle den barmherzigen Gott und fühlten sich ermutigt und waren bereit, nicht nur Menschen niederzurennen, sondern auch die wildesten Tiere und eiserne Mauern.

10 Sie marschierten also in guter Ordnung vorwärts mit ihrem himmlischen Mitstreiter, den ihnen die Gnade des Herrn zugeteilt hatte.

11 Mit Löwenmut stürzten sie sich auf die Feinde und streckten von ihnen 11.000 nieder, sowie 1600 Reiter; alle anderen aber trieben sie in die Flucht.

12 Die meisten von ihnen retteten nur als Verwundete und ohne Waffen ihr Leben; Lysias selbst entkam nur durch schimpfliche Flucht.

Vertrag des Lysias mit den Juden

13 Da er indessen nicht ohne Verstand war, dachte er über die erlittene Niederlage nach; er begriff, daß die Hebräer unüberwindlich waren, weil der allmächtige Gott für sie kämpfte. Darum schickte er Boten zu ihnen,

14 um sie zu bereden, auf billige Bedingungen

mit ihm zu unterhandeln; er versprach, auch den König dahin zu bringen, daß er mit ihnen Freundschaft schlösse.

15 Der Makkabäuer ging auf alles ein, was Lysias vorschlug, indem er auf seinen Vorteil bedacht war; denn der König gestand alles zu, was der Makkabäer von Lysias in einer Denkschrift für die Juden gefordert hatte.

16 Es hatte nämlich der Brief, den Lysias an die Juden geschrieben hatte, folgenden Wortlaut: 'Lysias entbietet dem Volke der Juden seinen Gruß.

17 Johannes und Absalom, eure Gesandten, haben das mit eurer Unterschrift versehene Schriftstück überreicht und in betreff der darin enthaltenen Vorschläge um Antwort ersucht.

18 Was nun auch dem Könige zur Bestätigung vorgelegt werden mußte, habe ich ihm berichtet, und was tunlich war, hat er zugestanden.

19 Wenn ihr nun eure gute Gesinnung gegen die Regierung ferner bewahrt, so werde ich meinerseits euch weitere Vorteile zuzuwenden suchen.

20 Über einige besondere Dinge habe ich euren Gesandten und meinen Abgeordneten Auftrag gegeben, mit euch zu verhandeln.

21 Lebt wohl!' Am 24. Tage des Dioskorinthus im Jahre 148.

Friede zwischen Antiochus V. Eupator und den Juden

22 Der Brief des Königs aber lautete folgendermaßen: 'König Antiochus entbietet seinem Bruder Lysias seinen Gruß.
23 Nachdem mein Vater unter die Götter versetzt worden ist, hege ich den Wunsch, daß die Bewohner unseres Reiches ungestört ihre Angelegenheiten besorgen mögen.
24 Da wir nun in Erfahrung gebracht haben, daß die Juden nicht einwilligen, den von meinem Vater gewünschten Übergang zu griechischem Wesen vorzunehmen, sondern ihre eigene Lebensweise vorziehen und deswegen bitten, daß man ihnen ihre Gesetze lasse,
25 wir aber wollen, daß auch dieses Volk nicht beunruhigt werde, so befehlen wir, daß der Tempel ihnen zurückgegeben werde und sie nach den Sitten ihrer Vorfahren ihr Leben führen sollen.
26 Du wirst also wohl daran tun, wenn du zu ihnen sendest und Frieden mit ihnen schließest, damit sie in Erkenntnis unseres Willens guten Mutes seien und sich getrost der Besorgung ihrer Angelegenheiten widmen.'
27 An das (jüdische) Volk aber erging folgendes Schreiben des Königs: König Antiochus entbietet dem Hohen Rate der Juden und dem übrigen Volke seinen Gruß.
28 Wenn ihr euch wohl befindet, so ist's nach

unserem Wunsch; wir selbst befinden uns wohl.

29 Menelaus hat uns berichtet, daß ihr (in eure Heimat) zurückzukehren und euch euren Angelegenheiten zu widmen wünscht.

30 Denjenigen nun, welche bis zum 30. Xanthikus heimkehren, wird hiermit versprochen und zugesichert,

31 daß den Juden der Genuß ihrer eigenen Speisen und der Gebrauch ihrer eigenen Gesetze zustehen soll ganz wie früher, und daß keiner von ihnen irgendwie wegen begangener Vergehen belästigt werden darf.

32 Zugleich schicke ich euch den Menelaus, der euch (weitere) Zusicherungen machen soll.

33 Gehabt euch wohl! Im Jahre 148 am 15. Tage des Xanthikus.'

Vermittlung durch die Römer

34 Auch die Römer schickten einen Brief, der folgendermaßen lautete: 'Quintus Memmius und Titus Manlius, die römischen Gesandten, entbieten dem Volke der Juden ihren Gruß.

35 Was Lysias, der Vetter des Königs, euch zugestanden hat, dem stimmen auch wir zu.

36 In betreff dessen aber, was er dem König zur Entscheidung vorzulegen beschlossen hat, darüber schickt uns unverzüglich nach vorhergegangener Beratung jemanden, damit wir es so darlegen können, wie es zu euren

Gunsten ist; wir sind nämlich auf dem Wege nach Antiochien.
37 Beeilt euch also, uns einige Leute zu schicken, damit wir eure Ansicht erfahren.
38 Lebt wohl!' Am 15. Tage des Xanthikus im Jahre 148.

12. Kapitel

Neue Unruhen

1 Nachdem diese Verträge geschlossen waren, zog Lysias ab, um sich zum Könige zu verfügen; die Juden aber machten sich an ihren Ackerbau.
2 Aber die Befehlshaber in den betreffenden Gegenden, Timotheus und Apollonius, der Sohn des Gennäus, sowie Hieronymus und Demophon, außerdem noch Nikanor, der Statthalter von Cypern, ließen sie nicht in Ruhe und in Frieden leben.
3 Die Einwohner von Joppe aber begingen gegen sie folgende Niederträchtigkeit: Sie luden die Juden, die bei ihnen wohnten, ein, mit Weib und Kind in die von ihnen bereitgehaltenen Boote einzusteigen, als wenn sie nichts Feindseliges gegen sie im Sinne hätten,
4 sondern als wäre es eine vom gesamten Gemeinderat beschlossene Sache. Da jene die Einladung annahmen, weil sie mit ihnen in Frieden leben wollten und keinen Argwohn

hegten, so fuhr man sie auf die hohe See hinaus und warf sie dort ins tiefe Wasser, wohl an 200 Personen.

5 Als nun Judas die an seinen Landsleuten verübte Grausamkeit erfuhr, erteilte er seiner Mannschaft Befehl;

6 und nachdem er Gott, den gerechten Richter, gegen die Mörder seiner Brüder angerufen hatte, zündete er den Hafen bei Nacht an, verbrannte die Boote und hieb die dahin Geflüchteten nieder.

7 Da der Platz selbst geschlossen war, zog er ab, aber in der Absicht wiederzukommen, um die ganze Bürgerschaft von Joppe zu vertilgen.

8 Und da er erfuhr, daß die Einwohner von Jamnia gegen die bei ihnen wohnenden Juden ein Gleiches im Schilde führten,

9 so überfiel er sie ebenfalls bei Nacht und zündete ihren Hafen an samt den Schiffen, so daß der Feuerschein bis Jerusalem leuchtete, 240 Stadien weit.

Kampf gegen arabische Nomaden und Timotheus

10 Als sie sich nun von dort zurückgezogen hatten, und ungefähr neun Stadien weit gekommen waren, um gegen Timotheus zu ziehen, wurden sie von Arabern angegriffen, von wenigstens 5000 Mann zu Fuß und 500 Reitern.

11 Nach einem hitzigen Gefecht behielten die

Leute des Judas mit Gottes Hilfe die Oberhand, und die besiegten Beduinen baten Judas um Frieden und versprachen, sie wollten Vieh liefern und auch sonst sich nützlich machen.

12 Judas, der die Ansicht hegte, daß sie sich in der Tat in manchen Stücken nützlich erweisen könnten, gestand ihnen den Frieden zu; und nachdem der Vertrag durch Handschlag abgeschlossen war, kehrten sie zu ihren Zelten zurück.

13 Er griff auch eine gewisse Stadt Kaspin an, die durch Brücken gesichert und mit Mauern umgeben war und eine gemischte heidnische Bevölkerung hatte.

14 Die Einwohner, die sich auf die Festigkeit ihrer Mauern und auf ihre reichlichen Vorräte verließen, verhöhnten in schamloser Weise den Judas und seine Leute und führten noch dazu lästerliche und gottlose Reden.

15 Die Mannschaften des Judas aber riefen den großen Herrn der Welt an, der einst zu Josuas Zeiten Jericho ohne die Hilfe von Sturmböcken und anderen Kriegsmaschinen niedergeworfen hatte, und stürmten wütend auf die Mauern los,

16 nahmen die Stadt mit Gottes Willen ein und richteten ein solch unsagbares Gemetzel darin an, daß der benachbarte, zwei Stadien breite See ganz mit Blut angefüllt zu fließen schien.

17 Von dort zogen sie ab, 750 Stadien weit, und gelangten endlich in die Gegend von Charax zu den Tubienischen Juden.

18 Den Timotheus fanden sie nicht mehr dort, er war unverrichteter Sache von dort abgezogen, nachdem er eine sehr starke Besatzung in einem festen Platze zurückgelassen hatte.

19 Da zogen zwei Hauptleute des Makkabäers, Dositheus und Sosipater, dorthin und töteten die von Timotheus in der Festung Zurückgelassenen, mehr als 10.000 Mann.

20 Der Makkabäer selbst aber teilte jetzt sein Heer in mehrere Abteilungen, an deren Spitze er Befehlshaber stellte; dann zog er gegen Timotheus weiter, der 120.000 Mann zu Fuß und 1500 Reiter bei sich hatte.

21 Als Timotheus erfuhr, daß Judas im Anzuge gegen ihn sei, schickte er die Weiber und Kinder und den übrigen Troß vom Heere weg nach dem sogenannten Karnion, einem festen Platze, der unzugänglich und schwer einzunehmen war wegen der überall vorhandenen Engpässe.

22 Kaum aber erschien die erste Abteilung des Judas, so ergriff Furcht und Schrecken die Feinde, wodurch sich der alles überschauende Gott wirksam zeigte; sie flohen nach allen Richtungen hin auseinander, so daß sie öfters sich gegenseitig verwundeten und einander mit ihren Schwertern durchbohrten.

23 Judas verfolgte sie nun mit Ungestüm, hieb die Bösewichter zusammen und machte von ihnen an 30.000 Mann nieder.

24 Timotheus selbst fiel den Leuten des Dositheus und Sosipater in die Hände und bat sie inständig, ihn am Leben zu lassen, indem er ihnen vorspiegelte, daß er von vielen die Eltern und von anderen die Brüder in seiner Gewalt habe, denen es gewiß übel ergehen würde, wenn man ihn tötete.

25 Da er nun unter vielen Beteuerungen fest versprach, diese unversehrt zurückzuschicken, so ließen sie ihn frei, um ihre Brüder zu retten.

26 Dann zog Judas gegen Karnion und den Tempel der Atargatis und erschlug dort 25.000 Menschen.

Zug gegen Efron und Skythopolis

27 Nach ihrer Besiegung und Vernichtung zog Judas mit dem Heere auch gegen die feste Stadt Ephron, in welcher Lysias und eine sehr gemischte Bevölkerung wohnte. Tapfere Jünglinge, vor den Mauern aufgestellt, verteidigten die Stadt mutig; auch waren dort Kriegsmaschinen und Geschosse in Menge vorhanden.

28 Aber nach Anrufung des Herrn, der durch seine gewaltige Kraft die Macht der Feinde zermalmt, nahmen sie die Stadt ein und erschlugen von denen, die darin waren, an 25.000.

29 Von da zogen sie nach der Stadt Skythopolis

weiter, die von Jerusalem 600 Stadien entfernt liegt.

30 Da aber die dort wohnenden Juden bezeugten, daß die Einwohner der Stadt ihnen immer mit Wohlwollen begegnet seien und in den unglücklichen Zeiten sich freundlich gegen sie verhalten hätten,

31 so sagten sie ihnen Dank dafür und ermahnten sie, auch fernerhin bei diesen Gesinnungen gegen ihr Volk zu beharren; dann zogen sie nach Jerusalem, da das Wochenfest nahe bevorstand.

Sieg über Gorgias

32 Nach diesem – auch Pfingsten genannten – Feste zogen sie gegen Gorgias, den Statthalter von Idumäa.

33 Dieser kam ihnen entgegen mit 3000 Mann zu Fuß und 400 Reitern.

34 Als man nun handgemein wurde, begab es sich, daß einige Juden fielen.

35 Ein gewisser Dositheus aber, einer von den Leuten Bakenors, ein tapferer Mann zu Pferde, packte den Gorgias fest am Mantel und zog ihn herzhaft fort, weil er den Verfluchten lebendig fangen wollte; aber ein thrakischer Reiter sprengte heran und hieb ihm den Arm ab, so daß Gorgias nach Maresa entfliehen konnte.

36 Da nun die Abteilung Esri's infolge des langen Kampfes ermüdet war, erflehte Judas den

Beistand des Herrn, daß er die Schlacht leiten und als Mitstreiter erscheinen möchte;

37 dann stimmte er in der vaterländischen Sprache ein Loblied an, ließ hierauf den Schlachtruf erschallen, stürzte sich unversehens auf die Truppen des Gorgias und trieb sie in die Flucht.

38 Judas führte darauf sein Heer nach der Stadt Adullam, und da gerade der siebente Tag anbrach, heiligten sie sich der Sitte gemäß und brachten dort den Sabbat zu.

Sühnopfer für die Gefallenen

39 Am folgenden Tage aber gingen die Leute des Judas hin, da es inzwischen hohe Zeit geworden war, um die Leichname der im Kampfe Gefallenen aufzuheben und sie im Verein mit ihren Verwandten in den väterlichen Gräbern zu bestatten.

40 Da fanden sie bei jedem der Toten unter dem Hemde geweihte Gegenstände (Kleinodien), die von den Götzen in Jamnia herrührten, deren Gebrauch den Juden durch das Gesetz verboten ist. Da wurde es allen klar, daß jene deswegen umgekommen waren.

41 Da priesen sie alle den Herrn, den gerechten Richter, der das Verborgene ans Licht bringt.

42 Dann beteten sie andächtig, daß die begangene Sünde gänzlich vergeben werden

möchte; und der edle Judas ermahnte das Volk, sich vor solcher Sünde zu hüten, weil sie die Folgen der Übertretung an den in der Schlacht Gefallenen vor Augen hätten.

43 Dann veranstaltete er eine Sammlung unter seinen Leuten und brachte 2000 Drachmen Silber zusammen, die er nach Jerusalem schickte zur Darbringung eines Sühnopfers. Es war dies eine sehr schöne und löbliche Handlung, weil er an die Auferstehung dachte;

44 denn wenn er nicht an die Auferstehung der im Kampfe Gefallenen geglaubt hätte, so wäre es überflüssig und eine Torheit gewesen, für Tote zu beten.

45 So aber, weil er dachte, daß den fromm Entschlafenen der herrlichste Gnadenlohn vorbehalten sei, so war dies ein heiliger und frommer Gedanke. Daher veranstaltete er für die Gefallenen das Sühnopfer, damit ihnen ihre Sünde vergeben würde.

13. Kapitel

Der Tod des Menelaus

1 Im Jahre 149 wurden Judas und seine Leute in Kenntnis gesetzt, daß Antiochus Eupator mit einem großen Heere gegen Judäa heranziehe

2 und mit ihm sein Vormund Lysias, der Reichsverweser, jeder mit einem griechischen

Heere von 110.000 Mann Fußvolks und 5300 Reitern, 22 Elefanten und 300 Sichelwagen.

3 Auch Menelaus gesellte sich zu ihnen und trieb den König zum Kriege an, wobei er sich verstellte, da er nicht das Wohl seines Vaterlandes im Auge hatte, sondern die Hoffnung hegte, wieder in sein Amt (oder in die Herrschaft) eingesetzt zu werden.

4 Aber der König aller Könige erweckte den Zorn des Antiochus gegen diesen Bösewicht; und da Lysias nachwies, daß dieser Mensch die Schuld an allen Unglücksfällen trage, befahl er, ihn nach Beröa zu bringen, um dort nach der Sitte des Ortes hingerichtet zu werden.

5 An diesem Orte befindet sich nämlich ein fünfzig Ellen hoher Turm, mit (glühender) Asche angefüllt. In diesem Turm ist eine Vorrichtung, die sich dreht und von allen Seiten in die Asche hineinschleudert.

6 Einen Tempelräuber oder sonstige große Verbrecher stürzt dort die ganze Bevölkerung hinunter, so daß sie elendiglich umkommen.

7 Eines solchen Todes mußte der ruchlose Menelaus sterben, der nicht einmal ein Grab in der Erde fand, ganz wie er es verdient hatte;

8 denn nachdem er sich vielfach an dem Altar versündigt hatte, dessen Feuer samt der Asche heilig war, fand er in der Asche seinen Tod.

Sieg bei Modeïn

9 Der König aber zog in einer höchst feindseligen Stimmung heran und war entschlossen, den Juden das Schlimmste von dem anzutun, was sie schon von seinem Vater erlitten hatten.

10 Als Judas dies erfuhr, befahl er dem Volke, den Herrn bei Tag und Nacht anzurufen, daß er, wenn je zuvor, so auch jetzt denen zu Hilfe kommen wolle, die ihres Vaterlandes, ihres Gesetzes und des heiligen Tempels beraubt werden sollten,

11 auch nicht zugeben möge, daß das kaum ein wenig aufgelebte Volk wiederum in die Gewalt der abscheulichen Heiden gerate.

12 Nachdem sie dies alle einmütig getan und den allbarmherzigen Gott drei Tage lang ohne Unterbrechung mit Weinen und Fasten und Niederfallen angefleht hatten, hielt Judas eine Ansprache an sie und hieß sie sich bereit halten.

13 Nach einer geheimen Beratung mit den Ältesten beschloß er, bevor der König mit seinem Heere in Judäa einfiele und sich der Hauptstadt bemächtige, selbst auszuziehen und mit Gottes Hilfe die Sache abzumachen.

14 Indem er so die Entscheidung dem Schöpfer der Welt anheimstellte, ermahnte er die Seinen, mutig zu streiten und das Leben einzusetzen für ihre Gesetze und ihren Tempel, für ihre Stadt, ihr

Vaterland und ihre Verfassung, und schlug sein Lager bei Modein auf.

15 Nachdem er dann den Seinen die Losung 'Sieg mit Gott!' gegeben hatte, griff er mit einer auserwählten Schar der tapfersten jungen Männer bei Nacht das Hauptquartier des Königs an, erschlug bei 2000 Mann im Lager und machte auch den vornehmsten Elefanten samt allen Leuten in dessen Turm nieder.

16 Schließlich, nachdem sie das ganze Lager mit Furcht und Schrecken erfüllt hatten, zogen sie sich als Sieger zurück;

17 das geschah aber erst, als schon der Tag anbrach, unter dem hilfreichen Schutze des Herrn.

Antiochus V. Eupator vor Bet-Zur

18 Als der König diesen Vorschmack von der Kühnheit der Juden erhalten hatte, suchte er sich der festen Plätze durch List zu bemächtigen.

19 So zog er gegen Bethsura, eine starke jüdische Festung, wurde zurückgeschlagen, berannte sie nochmals, wurde aber wieder besiegt;

20 denn Judas hatte den Belagerten Lebensmittel zuführen können.

21 Ein gewisser Rhodokus aber, ein Mann aus dem jüdischen Heere, verriet den Feinden die Geheimnisse, er wurde jedoch entdeckt, ergriffen und eingesperrt.

Der König schließt Frieden mit den Juden

22 Nun unterhandelte der König zum zweiten Mal mit denen in Bethsura, bot Frieden an, schloß ab, zog weg, begegnete dem Heere des Judas, wurde geschlagen,

23 erfuhr nun, daß Philippus, den er in Antiochien als Reichsverweser zurückgelassen hatte, sich empört habe, geriet darüber in Bestürzung, machte den Juden freundliche Eröffnungen, gab nach, beschwor alle ihm gestellten Bedingungen, die er billig fand, versöhnte sich mit ihnen, brachte ein Opfer dar, ehrte den Tempel, bewies sich wohlwollend gegen die heilige Stätte,

24 nahm auch den Makkabäer freundlich auf und ließ den Hegemonides als Statthalter des Gebietes von Ptolemais bis Gerar zurück.

25 Er begab sich dann nach Ptolemais, dessen Einwohner aber über den Vertrag unwillig waren; sie waren aufgebracht über die Bestimmungen und hätten sie gern wieder umgestoßen.

26 Aber Lysias trat auf die Rednerbühne, hielt eine nachdrückliche Verteidigungsrede, überzeugte, besänftigte, begütigte und kehrte dann nach Antiochien zurück. So ist der Feldzug und der Wiederheimzug des Königs Antiochus verlaufen.

V. Fünfter Teil:
Die Kämpfe des Judas gegen den König Demetrius bis zum Tode Nikanors

14. Kapitel

1 Drei Jahre später erfuhr Judas, daß Demetrius, des Seleukus Sohn, im Hafen von Tripolis mit einer Flotte und starker Heeresmacht eingelaufen sei,
2 und daß er sich des Landes bemächtigt und den Antiochus und dessen Vormund Lysias aus dem Wege geräumt habe.
3 Nun war da ein gewisser Alkimus, der früher Hoherpriester gewesen war, aber sich in den Zeiten der Religionsmengerei freiwillig entehrt hatte; dieser sah ein, daß auf keinem anderen Wege für ihn etwas zu hoffen, auch kein Zutritt zum heiligen Altar zu erlangen sei.
4 Er begab sich also zum Könige Demetrius im Jahre 150 und brachte ihm eine goldene Krone und einen Palmzweig, dazu Ölzweige, wie man solche im Namen des Tempels darzubringen pflegte, hielt sich aber damals noch zurück
5 und wartete auf eine günstige Gelegenheit zur Erreichung seiner schlimmen Absicht. Als er dann von Demetrius in eine Ratsversammlung berufen war und man ihn nach der Gesinnung

und nach den Absichten der Juden befragte, gab er folgende Antwort:

6 'Diejenigen Juden, die den Namen Chasidäer führen und an deren Spitze Judas der Makkabäer steht, unterhalten dauernd den Sinn für Krieg und Aufruhr und lassen das Reich nicht zur Ruhe kommen.

7 Aus diesem Grunde bin ich ja auch meiner ererbten Würde, nämlich des Hohenpriestertums, beraubt worden und bin jetzt hierher gekommen,

8 zunächst, weil ich in aufrichtiger Weise der Sache des Königs zugetan bin, sodann aber auch, weil ich meine eigenen Mitbürger berücksichtige; denn unser ganzes Volk leidet nicht wenig unter dem törichten Treiben der vorgenannten Leute.

9 Laß alles dieses untersuchen, o König, und nimm dich unseres Landes und unseres bedrängten Volkes an, gemäß deiner Menschenfreundlichkeit, die du gegen alle hegst;

10 denn solange dieser Judas noch im Lande ist, kann unmöglich Friede im Lande werden!'

11 Nachdem dieser Mensch solche Reden geführt hatte, beeilten sich auch die anderen Vertrauten des Königs, die dem Judas feindlich gesinnt waren, den Demetrius gegen ihn aufzureizen.

12 Dieser ließ sofort den Nikanor kommen, den früheren Anführer der Elefanten-Abteilung,

ernannte ihn zum Befehlshaber über Judäa und schickte ihn dorthin

13 mit dem schriftlichen Befehl, den Judas aus dem Wege zu schaffen, dessen Truppen zu zersprengen und den Alkimus zum Hohenpriester des Hauptheiligtums einzusetzen.

14 Die Heiden, welche sich vor Judas aus ganz Judäa geflüchtet hatten, kamen nun scharenweise heran, sich an Nikanor anzuschließen, weil sie hofften, daß das Unglück und Mißgeschick der Juden für sie selbst ein Glück sein würde.

Nikanor und Judas einigen sich

15 Als die Juden nun erfuhren, daß Nikanor im Anzuge sei und die Heiden einen Angriff vorbereiteten, streuten sie sich Staub auf ihre Häupter und wandten sich mit Gebeten an den, welcher seinem Volke ewigen Beistand zugesichert hat und sich immerdar seines Eigentums sichtbarlich annimmt.

16 Auf Befehl ihres Anführers brachen sie sogleich von dort auf und wurden mit den Feinden bei dem Dorfe Dessau handgemein.

17 Simon, der Bruder des Judas, war nun zwar bei einem Zusammenstoß mit Nikanor wegen der durch die Feinde bewirkten plötzlichen Bestürzung für kurze Zeit ins Wanken geraten;

18 trotzdem trug Nikanor, als er von der Tapferkeit der Truppen des Judas und von dem

Mute hörte, mit dem sie für ihr Vaterland kämpften, nicht geringes Bedenken, eine Entscheidung durch Blutvergießen herbeizuführen.

19 Er entsandte daher den Posidonius und Theodotus und Mattathias, um über den Frieden zu unterhandeln.

20 Nachdem nun eine längere Erwägung der Sache stattgefunden, auch der Anführer dem ganzen Heere Mitteilung gemacht hatte und man zu einem einmütigen Entschluß gekommen war, billigten sie den Abschluß des Friedens.

21 Man bestimmte nun einen Tag für eine persönliche Zusammenkunft beider an demselben Orte; Judas ging auch hin, und man stellte auf jeder Seite einen Stuhl hin.

22 Judas hatte aber an schicklichen Orten Bewaffnete aufgestellt für den Fall, daß die Feinde plötzlich einen tückischen Überfall unternehmen würden; doch die Unterredung verlief in aller Ordnung.

23 Nikanor verweilte darauf einige Zeit in Jerusalem, ohne etwas Unrechtes zu tun, entließ vielmehr die Truppen, die er gesammelt hatte, scharenweise.

24 Während der ganzen Zeit hatte er den Judas um sich und war dem Manne von Herzen zugetan;

25 er empfahl ihm, zu heiraten und sich eine Familie zu gründen. Judas heiratete auch wirklich, lebte glücklich und genoß das Leben.

Nikanor geht gegen Judas Makkabäus vor

26 Als Alkumus aber sah, wie beide in freundlichen Beziehungen zueinander standen und einen Vertrag abgeschlossen hatten, nahm er eine Abschrift davon mit sich und verfügte sich zu Demetrius und sagte zu diesem, Nikanor verfolge staatsfeindliche Absichten; er habe sogar den Verschwörer gegen das Reich, den Judas, zu seinem Nachfolger im Hohenpriestertum bestimmt.

27 Der König geriet darüber in großen Zorn, und durch die Verleumdung des Bösewichts gereizt, schrieb er dem Nikanor, daß er mit dem Abschluß des Vertrages ganz unzufrieden sei, und befahl ihm, den Makkabäer unverzüglich gefesselt nach Antiochien zu schicken.

28 Als dieser Befehl bei Nikanor eintraf, wurde er bestürzt und unwillig darüber, daß er den Vertrag rückgängig machen sollte, obgleich doch der Mann nichts Unrechtes begangen hatte.

29 Da es aber nicht anging, dem Willen des Königs zuwiderzuhandeln, beschloß er, eine Gelegenheit abzuwarten, um die Sache mit List auszuführen.

30 Der Makkabäer aber, welcher merkte, daß Nikanor ihm weniger freundlich begegnete und sein sonstiges Verhalten in größere Kälte hatte umschlagen lassen, begriff wohl, daß diese Stimmung nichts Gutes bedeutete; er zog daher

eine nicht geringe Anzahl seiner Leute zusammen und verbarg sich vor Nikanor.

31 Da der andere sich nun von dem Manne tüchtig überlistet sah, begab er sich in den hochheiligen Tempel, gerade als die Priester die üblichen Opfer ausrichteten, und befahl ihnen, den Mann auszuliefern.

32 Da diese aber eidlich versicherten, nicht zu wissen, wo der Gesuchte sich befinde,

33 streckte er die rechte Hand gegen den Tempel aus und schwur: 'Wenn ihr mir den Judas nicht gefesselt ausliefert, so mache ich dieses euer Gotteshaus dem Erdboden gleich, reiße den Altar nieder und errichte hier dem Bakchus einen prachtvollen Tempel!'

34 Nach diesen Worten ging er weg. Die Priester aber erhoben die Hände zum Himmel und riefen den an, der allezeit der Beschützer unseres Volkes ist, und beteten:

35 'Du, o Herr, der du keines Dinges bedarfst, du hast gewollt, daß ein Tempel als deine Wohnung in unserer Mitte sei.

36 So bewahre nun, heiliger Herr, von dem alle Heiligung kommt, dieses vor kurzem erst neu geweihte Haus vor aller Befleckung immerdar (und stopfe jeden ruchlosen Mund)!'

Der Tod des Rasi

37 Nun wurde dem Nikanor ein gewisser Razis angezeigt, einer von den Ältesten Jerusalems,

ein Mann, der seine Mitbürger liebte und sich eines vorzüglichen Rufes erfreute und den man wegen seiner Wohltätigkeit den Judenvater nannte.

38 Früher schon, in den Zeiten, als man sich von Vermengung mit heidnischem Wesen fernhielt, hatte er sich entschieden zum Judentum bekannt und Leib und Leben für seinen Glauben mit großer Standhaftigkeit eingesetzt.

39 Da nun Nikanor seine feindliche Gesinnung gegen die Juden offen zeigen wollte, schickte er mehr als 500 Mann aus, um ihn gefangen zu nehmen;

40 denn er dachte, wenn er diesen ergriffe, würde er den übrigen einen schweren Schlag versetzen.

41 Im Augenblick aber, als die Truppen den Turm (worin er sich befand) einzunehmen im Begriff waren und den Eingang zum Hofe erzwingen wollten und man nach Feuer rief, um die Tore in Brand zu stecken, stürzte sich Razis, der nicht mehr entfliehen konnte, in sein Schwert,

42 weil er lieber edelmütig sterben als diesen Ruchlosen in die Hände fallen und auf eine seines edlen Sinnes unwürdige Weise mißhandelt werden wollte.

43 Da er sich aber in der Hast nicht tödlich getroffen hatte und der Haufe schon ins Innere eindrang, lief er heldenmütig auf die Mauer und stürzte sich mannhaft auf die Menge hinab.

44 Diese wich aber rasch zurück, und so entstand ein leerer Raum, in den er mitten hineinfiel.

45 Er lebte aber noch, und obgleich das Blut stromweise floß und seine Wunden schwer waren, stand er, von Zorn entbrannt auf, lief rasch durch die Menge und trat auf einen steilen Felsen.

46 Hier riß er sich, nachdem er schon all sein Blut verloren hatte, mit beiden Händen die Eingeweide aus dem Leibe und schleuderte sie auf die Truppen (oder auf die Volkshaufen), rief darauf den Herrn des Lebens und des Geistes an, daß er ihm beides einst wiedergeben wolle, und starb auf diese Weise.

15. Kapitel

Sieg über Nikanor

1 Als Nikanor aber erfuhr, daß Juda mit seinen Leuten sich in den Ortschaften von Samarien aufhalte, beschloß er, sie am Ruhetage in aller Sicherheit anzugreifen;

2 und als die Juden, die zwangsweise ihm folgten, zu ihm sagten: 'Bringe sie doch nicht so grausam und unmenschlich ums Leben, sondern halte den Tag in Ehren, den der Allwissende mit Heiligkeit ausgezeichnet hat',

3 da fragte sie dieser Erzschurke, ob denn im

Himmel ein Herr sei, der den Sabbat zu feiern befohlen habe.

4 Und als sie ihm offen erklärten, es sei der lebendige Gott selbst, der Herr im Himmel, der geboten habe, den siebenten Tag zu feiern,

5 da antwortete jener: 'Und ich bin der Herr auf Erden, und ich befehle euch, die Waffen zu ergreifen und den Dienst des Königs zu vollführen!' Gleichwohl gelang es ihm nicht, seinen schändlichen Vorsatz auszuführen.

6 Er hatte sich wohl in seinem übermütigen Trotze vorgesetzt, einen öffentlichen Triumph über Judas und dessen Truppen abzuhalten;

7 aber der Makkabäer, unerschütterlich in seinem Vertrauen, hoffte fest auf die Hilfe des Herrn

8 und ermahnte die Seinen, sich durch das Anrücken der Heiden nicht einschüchtern zu lassen; vielmehr sollten sie in der Erinnerung an den Beistand, der ihnen früher oftmals vom Himmel her zuteil geworden sei, auch jetzt fest auf den Sieg hoffen, den der Allmächtige ihnen verleihen würde.

9 Er ermutigte sie auf Grund des Gesetzes und der Propheten und erinnerte sie auch an die Kämpfe, die sie schon bestanden hatten, und stärkte so ihren Mut.

10 Nachdem er sie so begeistert hatte, erteilte er seine Befehle, wobei er auch noch auf die Treulosigkeit der Heiden und ihre Wortbrüchigkeit hinwies.

11 Nachdem er so jeden von ihnen gewappnet hatte nicht sowohl mit der Zuversicht auf Schild und Speer als vielmehr mit dem Zuspruch trefflicher Worte, stimmte er obendrein alle noch fröhlich durch die Erzählung eines überaus glaubhaften Traumes.

12 Das darin zur Erscheinung gebrachte Gesicht war aber folgendes: Onias, der einstmalige Hohepriester, ein durchaus rechtschaffener Mann, bescheiden im Umgang, sanftmütig von Charakter, würdevoll in seiner Rede und von Jugend auf aller Tugenden beflissen – den hatte er gesehen, wie er die Hände ausstreckte und für die gesamte Gemeinde der Juden betete;

13 und darauf sei ein ebenso durch graues Haar und würdevolles Aussehen ausgezeichneter Mann erschienen, den eine ganz wunderbare, hochherrliche Majestät umgeben habe.

14 Dann habe Onias das Wort ergriffen und (zu Judas) gesagt: 'Dies ist der Freund seiner Brüder, der für das Volk und für die heilige Stadt viel betet, der Prophet Gottes, Jeremia.'

15 Jeremia aber habe die Hand ausgestreckt und dem Judas ein goldenes Schwert überreicht und dabei gesagt:

16 'Nimm hin das heilige Schwert als ein Geschenk Gottes; mit diesem wirst du die Feinde schlagen!'

17 Ermutigt durch diese herrlichen Worte des

Judas, die ganz geeignet waren, zur Tapferkeit anzufeuern und den Jünglingsherzen Mannesmut einzuflößen, beschlossen sie, kein Lager zu beziehen, sondern tapfer anzugreifen und, mit voller Mannhaftigkeit kämpfend, die Entscheidung herbeizuführen, weil ja auch die Hauptstadt und der Gottesdienst und der Tempel in Gefahr schwebten.

18 Denn die Sorge für ihre Weiber und Kinder, sowie für ihre Brüder und Verwandten lag ihnen weniger am Herzen: ihre erste und größte Sorge war die für das Heiligtum.

19 Aber auch die in der Stadt Zurückgebliebenen hatten keine geringe Angst, da sie wegen der im freien Felde zu liefernden Schlacht beunruhigt waren.

20 Als so alle schon der kommenden Entscheidung mit Spannung entgegensahen, die Feinde sich bereits vereinigt hatten und das Heer in Schlachtordnung aufgestellt war, auch die Elefanten an einem geeigneten Orte Stellung gefunden hatten und die Reiterei auf beiden Flügeln wohlgeordnet stand:

21 da, angesichts der heranziehenden Heeresmassen und der verschiedenen Waffengattungen und der Wildheit der Elefanten, streckte der Makkabäer die Hände gegen den Himmel aus und rief den wundertätigen Herrn an, wohl wissend, daß der Sieg nicht durch Waffen erfochten wird, sondern

daß Gott ihn denen verleiht, die er dessen würdig erachtet.

22 Er betete aber folgendermaßen: 'Du, Herr, hast deinen Engel gesandt zur Zeit Hiskias, des Königs von Juda, und er erschlug von dem Heere Sanheribs 185.000 Mann.

23 Sende auch jetzt, Herr des Himmels, einen guten Engel vor uns her, um jenen dort Furcht und Schrecken einzujagen!

24 Laß sie durch die Kraft deines Armes niedergeschmettert werden, sie, die mit Lästerungen gegen dein heiliges Volk heranziehen!' Mehr sagte er damals nicht.

25 Die Truppen Nikanors rückten unterdessen mit Trompetenschall und Kriegsgesängen heran;

26 die des Judas dagegen wurden mit ihnen handgemein, indem sie Gott im Gebet anriefen.

27 Und so, mit den Händen kämpfend, mit den Herzen aber zu Gott betend, streckten sie nicht weniger als 35.000 Mann nieder, hocherfreut durch Gottes offenbaren Beistand.

28 Nach beendigtem Kampfe aber, als sie voller Freude zurückkehrten, erkannten sie den Nikanor, der in voller Rüstung gefallen war.

29 Da erhoben sie ein großes Geschrei und Getümmel und priesen den Herrn in ihrer vaterländischen Sprache.

Das Siegesfest

30 Judas aber, der immer und überall mit Leib und Seele für seine Mitbürger an erster Stelle gekämpft und von Jugend an die Liebe zu seinen Volksgenossen treu bewahrt hatte, gab den Befehl, man solle dem Nikanor den Kopf und den Arm bis zur Schulter abhauen und beides nach Jerusalem bringen.

31 Als er selbst dahin gekommen war, rief er seine Landsleute und die Priester zusammen, ließ sie vor dem Altar Aufstellung nehmen und die Feinde aus der Burg herbeiholen.

32 Er zeigte ihnen nun den Kopf des verruchten Nikanor und die Hand des Lästerers, die er in seiner Prahlerei gegen das heilige Haus des Allmächtigen ausgestreckt hatte;

33 dann ließ er dem gottlosen Nikanor die Zunge ausschneiden und stückweise den Vögeln hinwerfen, das übrige aber als Lohn seiner Verruchtheit dem Tempel gegenüber aufhängen.

34 Alle aber priesen, zum Himmel gewandt, den Herrn, der sich so offenbar hilfreich erwiesen hatte, und riefen aus: 'Gelobt sei der, welcher seine Wohnstätte unbefleckt erhalten hat!'

35 Den Kopf Nikanors aber ließ er an der Burg aufhängen als ein deutliches und allen sichtbares Zeichen der Hilfe des Herrn;

36 und durch einmütigen Beschluß der

Gemeinde wurde festgesetzt, daß dieser Tag nicht ungefeiert bleiben, sondern festlich begangen werden solle, nämlich am 13. Tage des 12. Monats, der auf syrisch Adar heißt, einen Tag vor dem Mardochäustage.

Schlusswort des Verfassers

37 So ist die Geschichte mit Nikanor verlaufen; und da von dieser Zeit an die Hauptstadt in der Gewalt der Hebräer geblieben ist, so will auch ich meinen Bericht hier schließen.

38 Wenn ich ihn gut und geschickt abgefaßt habe, so ist das eingetreten, was ich selbst mir vorgenommen hatte; ist er aber schwach und mittelmäßig ausgefallen, so habe ich doch getan, was ich vermochte.

39 Denn wie es unangenehm ist, den Wein allein zu trinken und ebenso auch das Wasser, während Wein mit Wasser vermischt wohlschmeckend ist und einen köstlichen Genuß gewährt, so dient auch die Art, wie man einen Bericht abfaßt, dazu, diejenigen zu ergötzen, denen das Dargestellte vorgetragen wird. Damit will ich schließen!

Anhang und Register

(1) Ein Harnisch (mhd. harnasch, von altfranzösisch harnais; ursprünglich vermutlich aus dem altnordischen hernest 'Heeresvorrat') ist die den Körper bedeckende Rüstung eines Ritters.

(2) Löwe, veraltet: Leu

(3) Ein Reichsverweser nimmt die Vertretung des Monarchen während einer Thronvakanz wahr, also bei längerer Abwesenheit des Königs oder in der Zeit zwischen dessen Tod und der Thronbesteigung seines Nachfolgers. Der Begriff Verweser kommt von althochdeutsch firwesan und bedeutet „jemandes Stelle/Wesen vertreten".

*

Anmerkung: Die Apokryphen sind in wenigen Bibelübersetzungen verfügbar. Weitere Recherche und Vergleiche zum Bibelstudium sind empfohlen.

*

Kapitelüberschriften teils übernommen aus den unterschiedlichen Übersetzungen nach Martin Luther.